»Der Garten ist der letzte Luxus
unserer Tage, denn er fordert das,
was in unserer Gesellschaft am Kostbarsten
geworden ist: Zeit, Zuwendung und Raum.«

Dieter Kienast, Landschaftsarchitekt

Peter Fischer-Colbrie
Gottfried Hules
Klaus Brudny
Mit Gestaltungsvorschlägen von Herbert Eipeldauer

Kraftplatz Garten

Energien zum Wohlfühlen

avBUCH

Inhalt

Vorwort 7

Energien im Garten 8

Beobachtungen und Erfahrungen 10
Die Geschichte der Radiästhesie 11
Heilige Orte 14
Moderne Anwendungen 15

Grundlagen und Begriffe 16

Radiästhetische Mutung 18
Checkliste Mutung 19
Werkzeuge der Radiästheten 21
Praktische Wassersuche mit der Rute 25

Erdstrahlen und Lebewesen 26

Auf die Dauer kommt es an 28
Der Schlafplatz 29
Der Arbeitsplatz 30
Sitz- und Ruheplätze 32
Kraftplätze 34
Erdstrahlen und Tiere 34

Erdstrahlen und Pflanzen 38

Wie reagieren Pflanzen? 40
Wuchsanomalien von Bäumen 44
Wuchsanomalien im Porträt 46

Gartengestaltung und Radiästhesie 52

Gestaltungsempfehlungen 54
Ein Paradies für Kinder 54
Zurück zur Natur! 60
Traditionell und nostalgisch 66

Kraftplätze für alle 70

Kraft und Ruhe 72
Kraft und Begegnung 78
Kraft und Kunst 84

Ästhetik und Funktion 90

Kleine Veränderung – große Wirkung 92
Klare Linien 99
Yin und Yang 103

Anhang
Geomantische Begriffe 108
Einschlägige Institutionen 110
Literatur 111

Vorwort

Dass wir einen Garten oder eine Landschaft nicht nur mit unseren fünf Sinnen bewusst erfassen bzw. erleben, sondern dass auch noch eine weitere, vielen unbewusste Gefühlsebene unser Wohlbefinden beeinflussen kann, wurde dem Autor Fischer-Colbrie durch ein besonders interessantes Erlebnis deutlich. Während seiner 15-jährigen Leitung des Schönbrunner Schlossparks konnte er bei seinen fast täglichen Rundgängen immer wieder beobachten, dass einige Bereiche des Parks besonders stark genutzt wurden und andere, oft sehr schön gestaltete Gartenbereiche nahezu menschenleer waren.
Diese deutlichen Unterschiede in der Nutzung waren nur zum Teil mit Touristenpfaden, je nach Jahreszeit mit Sonnen- oder Schattenplätzen oder Lärmbelästigung durch nahe Straßen erklärbar.
Eine überaus interessante Parkbegehung mit dem bekannten Feng-Shui-Lehrer Prof. Dr. Y. Lim aus Südchina löste das Rätsel. Mit seinen bloßen Händen erfühlte er neben Wasseradern zahlreiche Orte mit positiver oder negativer Ausstrahlung. Vor allem die Gartenbereiche mit sehr negativer Ausstrahlung stimmten mit jenen, die wenig oder gar nicht genutzt wurden, überein!

Eine spätere, mehrmonatige radiästhetische Untersuchung des gesamten Parkbereiches durch Mitglieder des Österreichischen Verbandes für Radiästhesie und Geobiologie, dessen stellvertretender Obmann Gottfried Hules Mitautor dieses Buches ist, bekräftigte nicht nur die ersten Hinweise von Dr. Lim, sondern brachte viele weitere interessante Ergebnisse, die bestätigten, dass bei der Errichtung ab Beginn des 18. Jhdt. vor allem wichtige Bereiche von Schloss und Park mit tradiertem geomantischem Wissen bewusst auf besonders günstigen Plätzen ausgeführt wurden.
Was nun für die damaligen und heutigen Nutzer von Schloss und Park wichtig war und ist, muss eigentlich noch viel mehr für private Gärten gelten, die dem täglichen Wohlbefinden ihrer Nutzer dienen sollen.
Dass dieser Ratgeber allen Garten- und Pflanzenfreunden das uralte Wissen der Geomantie und Radiästhesie und die Kenntnis der Einflüsse feinstofflicher Energien aus dem Erdinneren auf Mensch, Tier und Pflanze näher bringen und damit zum persönlichen Wohlbefinden und gärtnerischem Erfolg beitragen möge, das erhoffen wir uns.

Die Autoren
Wien, im Juli 2007

Einen Garten zu gestalten und zu nutzen bringt Lebensfreude und Erholung. Für manche Gartenbereiche kann dies jedoch auf geheimnisvolle Weise oft mehr zutreffen als auf andere. Das uralte Wissen um hier wirkende Kräfte gilt es zu entdecken.

Energien im Garten

Aufmerksame Gartenliebhaber haben bestimmt schon die Erfahrung gemacht, dass nicht alle Aufenthaltsorte im Garten angenehm sind und zum längeren Verweilen einladen, manche von ihnen sogar ein unbehagliches Gefühl hervorrufen können und daher nicht länger als notwendig genutzt werden.

Auch das Pflanzenwachstum gibt selbst erfahrenen Gärtnern oft Rätsel auf. Obwohl man gärtnerisch alles richtig gemacht hat, wächst die Pflanze nicht, wie sie sollte oder sie geht sogar ein.

Beobachtungen und Erfahrungen

Diese und viele andere Phänomene können häufig auf die Einwirkung sogenannter »Erdstrahlen« zurückgeführt werden. Solche Erdstrahlen haben ihre Ursache in unterirdischen Verwerfungen, Spalten und anderen geologischen Abnormitäten, in Erz- oder Kristallgängen, Gesteinswechseln, Wasserläufen oder in globalen Gitternetzen. Mit den von ihnen verursachten Reiz- oder Störzonen beeinflussen sie alles Leben auf unserer Erde.

Der praktische Umgang mit diesen »unsichtbaren Kräften« und ihren Einflüssen auf Mensch, Tier und Pflanze wird in diesem Buch beschrieben und soll mit der Erklärung der wichtigsten radiästhetischen bzw. geomantischen Begriffe, der Beschreibung und Handhabung radiästhetischer Werkzeuge sowie mit zahlreichen praktischen Empfehlungen bis hin zu Planungsvorschlägen ein hilfreicher, auch für den Laien nachvollziehbarer Ratgeber für alle an diesem für viele Garten- und Pflanzenfreunde noch unbekannten Thema sein. Fachliche Bereiche aus der »Hohen Schule« der Radiästhesie werden daher in diesem Buch nicht angesprochen.

Die Geschichte der Radiästhesie

Das Wissen um die Strahlung aus der Erde ist der Menschheit bereits seit langer Zeit bekannt und war für die Entwicklung ihrer Kulturen, ja sogar in vielen Bereichen für ihr Überleben notwendig. Nur durch den bewussten und gezielten Einsatz ihrer radiästhetischen Fähigkeiten sowie durch die Verwendung von Geräten wie der Wünschelrute konnten zum Beispiel die Nomadenvölker in Trockengebieten lebensnotwendige unterirdische Wasserstellen finden oder die für die Herstellung von Werkzeugen und Waffen erforderlichen Erzlagerstätten entdeckt werden.

Quellen aus Vorzeit und Antike

Man nimmt daher an, dass die Wünschelrute bereits vor nahezu 15.000 Jahren in Afrika zur Auffindung von Brunnen und Erzlagerstätten diente. Felsmalereien und Steinritzungen aus dieser Zeit belegen dies. Auch im alten Ägypten wurden aus der Zeit zwischen 3000 bis 300 v. Ch. Skulpturen und Bilder von Priestern mit Gabelzweigen und Pendel als Grabbeigaben gefunden.
In China, dem Herkunftsland der Feng-Shui-Lehre, wird zum Beispiel von einem Erlass des Kaisers Kuang Yü (Hsia-Dynastie 2205–1766 v. Ch.) berichtet, wonach kein Haus gebaut werden durfte, bevor »Erdwahrsager« das »Freisein von Erddämonen« bestätigt hatten. Grundbereiche, wo »böse Geister hausen«, durften nicht bebaut werden. Missionare, die in China gelebt haben, berichten, dass in den ländlichen Gebieten diese Mahnung noch heute berücksichtigt wird.

»Bäume sind Gedichte, die die Erde in den Himmel schreibt.« (Khalil Gibran)

Im 2. Buch Moses, 17. Kapitel, heißt es:

»Der Herr sprach zu Moses:
… nimm deinen Stab in deine Hand…
du solltest den Felsen schlagen,
so wird Wasser aus ihm hervorgehen,
dass das Volk trinke.«

Die Bezeichnung der Rutenbewegung als »Felsen- oder Bogenausschlagen« hat sich bis heute im Sprachgebrauch erhalten.
Bei den Etruskern gab es eine eigene Kaste, die sogenannten »Aquilices«, die verantwortlich für das Aufsuchen von Quellen und die Anlage von Brunnen waren. Sie verwendeten ein Werkzeug dazu, das »Lituus« genannt wurde und auch bei den Kelten wiedergefunden wurde, die es zum Auffinden von Quellen benutzten und es »Cambutta« nannten. Der Lituus war ein Stab mit Flachspirale am Kopfende und sah einem Bischofsstab ähnlich.

Überlieferung bis ins Mittelalter

In der Antike wird die Wünschelrute zum Beispiel von den Druiden (ca. 600–100 v. Ch.), von Herodot (500 v. Ch.), Cicero (106–19 v. Ch.) und bei Vergil (70–19 v. Ch.) erwähnt. Die Überlieferung reicht bis ins Mittelalter, wo das Thema in zahlreichen althochdeutschen Quellen (ca. 700 n. Ch.) oder bei Theophrastus Paracelsus (1493–1541) und Agricola (1494–1555) vorkommt. Im Mittelalter zählte die Geomantie zu den heiligen Wissenschaften.
Aus dem 15. Jahrhundert gibt es ausführliche Berichte über die Bräuche der Rutengeher. Zu dieser Zeit verwendete man die Rute im Bergbau zum Auffinden metallischer Bodenschätze. Sie ist häufig mit Werkzeugen des Bergmannes auf alten Holzschnitten abgebildet.

Radiästhesie

Radiästhesie ist ein übergeordneter Begriff für die menschliche Wahrnehmung unterschiedlicher Strahlungen und Energien. Die Bezeichnung kommt von der lateinisch-griechischen Wortkombination aus »radius« (= Strahl) und »aisthesis« (= Fühligkeit). Der Begriff »Radiästhesie« wurde von den Priestern Abbé Mermet Bouly und Abbé Racineux, die in der Gegend von Lille Schlachtfelder erfolgreich entminten, erstmalig 1930 geprägt.

Aufklärung und Neuzeit

Aber auch während und nach der Zeit der Aufklärung behielten die Radiästhesie und die Rutengänger ihre Bedeutung und Intellektuelle interessierten sich immer mehr dafür.
In Goethes »Weissagungen des Baikis« ist zu lesen:

»Wünschelruten sind hier,
sie zeigen am Stamm nicht die Schätze,
nur in der fühlenden Hand
regt sich das magische Reis«.

Auch Wissenschaftler wie Albert Einstein oder Max Planck beschäftigten sich intensiv mit der Wünschelrute. Planck regte sogar in einem Rundfunkinterview an, in der Kaiser-Wilhem-Gesellschaft ein Forschungsinstitut zu gründen, das sich mit Fragen der Erdstrahlen und der Wünschelrute beschäftigt.
Im 1. Weltkrieg wurden Pendler und Rutengeher an allen Fronten zum Aufsuchen von Wasser, Höhlen oder Blindgängern eingesetzt. Kaiser Franz Joseph zeichnete persönlich erfolgreiche Rutengeher aus. Während des 2. Weltkrieges wurden ebenfalls unterirdische Minen und vergrabene Munition radiästhetisch aufgespürt und erfahrene Pendler zum Aufspüren feindlicher Flottenverbände durch Auspendeln von Seekarten eingesetzt.

Alte Bildstöcke stehen fast immer an Orten mit positiver Kraft.

Aus der Geschichte lernen

Die Kunst der Strahlenfühligkeit hat sich die Menschheit also seit Anbeginn zunutze gemacht. Robert Endrös, ein bekannter deutscher Forscher der Radiästhesie, schreibt dazu: »Die Empfindung des Strahlungsmilieus ist für den Menschen der Vorzeit und frühgeschichtlicher Hochkulturen ein Gegenstand bewussten Erlebens gewesen …«. Daher war die Standortqualität für die Planung der sakralen Bauten, Kultstätten oder Gräber immer sehr wichtig. Es ist daher nicht verwunderlich, dass bedeutende Bauten von der Antike bis zum Beginn der Aufklärung wie Kultanlagen, Tempel, Theater, Schlösser und Kirchen mit geomantischem Wissen an besonderen Kraftplätzen errichtet worden sind.

Geomantie

Geomantie oder Geomantik bedeutet »Weissagung aus der Erde« (aus dem Griechischen: Geo = Wortbestandteil für Erde, Mantik = Seherkunst, Weissagung). Geomantie bedeutet ein jahrtausendealtes Wissen um bestimmte energetische Verhältnisse, die sich viele Kulturen auf der ganzen Welt zur Verbesserung ihrer Lebensumstände zunutze gemacht haben.

Weltweit verbreitet

Diese natürlich vorkommenden geomantischen Energiefelder wurden häufig durch bauliche Maßnahmen (z. B. Steinsetzungen, Säulen, Tempel, Kathedralen, Kirchen, Klöster) und die dabei zur Anwendung kommenden Formen und Proportionen, aber auch durch regelmäßige Rituale verstärkt. Es sind verschiedene örtliche oder zeitliche Abarten der Geomantie bekannt, die unterschiedliche Bezeichnungen haben, wie zum Beispiel Feng-Shui in China, Vustu Vidaya in Indien, Yattara in Burma oder Vintana in Madagaskar.

Heilige Orte

Kapellen, Bildstöcke usw. sind mit geomantischem Wissen so gut wie ohne Ausnahme an besonderen Kraftplätzen über einer positiven Erdstrahlung errichtet worden. Interessant ist zum Beispiel, dass verschiedene bedeutende christliche Wallfahrtsorte früher heidnische Kultstätten waren. Auch bekannte Kirchen und Kathedralen wurden über ehemaligen Kultstätten errichtet. So soll die Kathedrale von Chartres über einer Stätte erbaut worden sein, an der sich der geweihte Stein der Carnuten (Hüter des Steines) befand. Hier soll in prähistorischer Zeit die Einweihung der Druiden stattgefunden haben.

Schlosspark Schönbrunn

Auch am Beispiel des Barockgartens Schönbrunn kann man sogar noch Mitte des 18. Jahrhunderts deutliche Spuren des bewussten Einsatzes von radiästhetischem und geomantischem Wissen finden. Eines der markantesten Beispiele dafür ist der Kaiserpavillon im Tiergarten. Der naturwissenschaftlich außerordentlich interessierte Gatte Kaiserin Maria Theresias, Franz I. Stephan, beauftragte im Jahre 1751 den Hofarchitekten Nicolas Jadot mit der Planung des prunkvoll ausgestatteten achteckigen Pavillons.

Die vier Stiegenaufgänge zu seinem »himmlischen Kraftsalon«, wie Franz I. Stephan den Pavillon nannte, führen exakt aus den vier Himmelsrichtungen in das Innere. Gabriele Buchas schreibt 2003 in ihrem Buch »Plätze der Kraft in Wien« nach eingehender radiästhetischer Untersuchung des Pavillons: »Zwei Wasserläufe in der Richtung West-Ost und Nord-Süd kreuzen einander in der Mitte des Pavillons. Beide Wasserläufe haben einen Durchmesser von ca. 2,30 m, dem entspricht auch die Breite der Eingangstüren (!). Das Wasser ist rechtsdrehend und schwach positiv. Beide Netzgitter wurden gemutet und als relevant und unterstützend für die geistige Arbeit im Pavillon erkannt. Es gibt hier zwei Leylinien: Die eine führt in Richtung Schloss(kapelle), die andere in Richtung des 16. Wiener Gemeindebezirkes.«

Der Kaiserpavillon im Schlosspark Schönbrunn ist ein markanter Kraftort.

Wegkreuzungen

Ein gänzlich anderes Beispiel eines besonderen geomantischen Ortes ist die »Bildföhre« im Dunkelsteinerwald bei Weyersdorf, Niederösterreich. Wie aus einer örtlichen Mutungsskizze hervorgeht, stand die Föhre an einer Wegkreuzung. Solche Wegkreuzungen sind oft sehr starke energetische Bereiche, die von unseren Vorfahren bewusst aus Orientierungs- und Energiegründen ausgewählt wurden. Um den Baumstamm, der auf einer geomantischen Zone mit starker rechtsdrehender Energiezuführung steht, wurde eine Kapelle errichtet. Eine im Untergrund laufende Wasserader quert rechtsdrehend den Altarbereich mit hoher Intensität. In der Umgebung wird der Verlauf dieser Wasserader durch Zwiesel-, Schief- oder Schlangenwuchs der Bäume sichtbar. Ein zweiter unterirdischer Wasserlauf befindet sich neben der Kapelle, hat jedoch weitgehend linksdrehende Eigenschaften. Die energetische Ausstrahlung ist hier so stark, dass sie auch ohne radiästhetische Werkzeuge zu fühlen ist. Ein zu langer Aufenthalt auf solchen Energiezonen, auch wenn sie aufladend sind, wirkt auf den Organismus belastend.

Moderne Anwendungen

Wie dieses historische Wissen auch heute für den richtigen Umgang mit den radiästhetischen Gegebenheiten von Haus und Garten zum Wohlbefinden von Mensch, Tier und Pflanze beitragen kann, stößt gerade in den letzten Jahren auf steigendes Interesse bei einem aufgeschlossenen Publikum.
Dieses Buch soll nicht nur Erst- und Grundlageninformationen zu diesem Thema sowie praktische Empfehlungen geben, sondern auch zur weiteren, vertiefenden Beschäftigung mit der Radiästhesie und Geomantie anregen.

Die radiästhetischen Gegebenheiten beeinflussen alle Lebewesen, ob Menschen, Tiere oder Pflanzen. Geeignete und geschulte Personen können mit bestimmten Methoden und Werkzeugen die Art und die Intensität dieser Kräfte feststellen.

Grundlagen und Begriffe

Alle Lebewesen stehen ständig mit ihrer Umwelt in elektromagnetischem und energetischem Austausch von Energie und Information. Ihre Lebensenergie ist unter anderem von den auf sie einwirkenden Schwingungsfrequenzen abhängig. Radiästhetische Phänomene beruhen daher immer auf dem »Gesetz der Resonanz«. Nach diesem Grundgesetz besitzt alles einen genau definierten Schwingungswert, mit dem jeder Stoff in Resonanz tritt.

Radiästhetische Mutung

Stimmt nun die Eigenfrequenz eines Organismus und die ihn treffende Energiefrequenz überein, spricht man von Kohärenz (gleiche Wellenlänge, gleiche Richtung) und es kann Energie aufgebaut werden.
Kollidieren Eigenfrequenz und Erregerfrequenz jedoch, kommt es in lebenden Systemen zur Schwächung oder sogar zur Blockade der Energie. Auf Grund des Gesetzes der Resonanz ist es sehr wichtig, den energetischen Wert eines Ortes zu ermitteln, um herauszufinden, welche Wirkung der Aufenthalt an diesem Ort haben kann. Die Messung solcher feinstofflicher Energien in Form einer radiästhetischen Mutung und die daraus resultierenden Empfehlungen können nachhaltigen Einfluss auf die Lebensenergie der betroffenen Menschen haben. Sie sind daher unabdingbar an eine fundierte fachliche Ausbildung, ausreichende Erfahrung und höchste Seriosität des Radiästheten gebunden und haben die vom Österreichischen Verband für Radiästhesie und Geobiologie festgelegten Kriterien zur Qualitätssicherung zu erfüllen. Eine entsprechende Checkliste soll den einheitlichen Standard solcher Mutungen ermöglichen.

Radiästheten, die diese Voraussetzungen mitbringen und die im Idealfall die geologischen Verhältnisse im Bereich des zu untersuchenden Ortes kennen, werden Ihnen gerne vom oben angeführten Verband und seinen Landesgruppen (siehe auch Angaben über einschlägige Institutionen im Anhang) genannt. In Deutschland kann man sich an den Berufsfachverband der Geopathologen und Baubiologen e.V. wenden, in der Schweiz an den VRGS, den Verband Radiästhesie und Geobiologie Schweiz.

Qualifizierte Berater

Was kann man von einem als geobiologischem Berater tätigen Radiästheten verlangen? Grundsätzlich sollte der geobiologische Berater über eine fundierte radiästhetische Ausbildung verfügen, also die wichtigsten in der Natur vorkommenden Strahlungen auffinden können. Er soll auch in der Lage sein, seinen Kunden in verständlicher Weise zu erklären, welche Untersuchungen er aufgrund seiner Ausbildung und verfügbarer Geräte durchführen kann und im Rahmen eines Abschlussgespräches die Ergebnisse erläutern und Verbesserungsmaßnahmen vorschlagen können.
Wie alle Berufsbilder hat auch jenes der Radiästheten in den letzten Jahrzehnten eine kontinuierliche Weiterentwicklung erfahren. Während es früher ausreichend war, im Rahmen der radiästhetischen Untersuchungen von Grundstücken, Häusern und Wohnungen mittels Rute oder Pendel die für die Bewohner »guten«, d. h. die von natürlichen Störungen möglichst freien Plätze für Schlaf, Arbeit und Freizeit zu ermitteln, ist es heute immer häufiger auch erforderlich, die durch technische und baubiologische Einwirkungen verursachten Umwelteinflüsse festzustellen und mit zu beurteilen. Es sind daher zumindest einschlägige Grundkenntnisse bezüglich der Biologie des menschlichen Körpers und seiner Gesunderhaltung, sowie des Bauwesens, der Funk- und Elektrotechnik zweckmäßig.

Checkliste Mutung

Der Österreichische Verband für Radiästhesie und Geobiologie hat für Mutungen in Innen- und Außenbereichen daher eine Liste entwickelt, die als Qualitätsmaßstab heranzuziehen ist und verhindern soll, dass selbsternannte Experten ohne ausreichende Schulungen mehr Unheil anrichten als Nutzen stiften. Folgende Übersicht gibt Ihnen die Sicherheit, dass Sie es mit einem seriösen Berater zu tun haben.

Welche Techniken werden verwendet?

- **Grifflängentechnik:** Bei der Anwendung der Grifflängentechnik stellt die Grifflängenrute (z. B. Lecherantenne) die Empfangsantenne dar. Sie empfängt je nach eingestellter Grifflänge die gesuchten Umweltinformationen und leitet diese über die in Spannung versetzten Muskeln und Nervenbahnen an das Gehirn des Radiästheten weiter. Von diesem wird dann bei Erkennen der durch Übung gespeicherten Frequenz über Nerven- und Muskelreaktionen der Rutenausschlag ausgelöst.
- **Mentaltechnik:** In der Mentaltechnik programmiert der Radiästhet seinen Körper (»Ich suche …«) und wird dadurch zum Empfänger, der die Information zum Gehirn weiterleitet. Dort werden die programmierten und empfangenen Informationen verglichen und bei Übereinstimmung wird mit einer Nerven- und Muskelreaktion das Werkzeug (Rute, Pendel, Tensor, Winkelrute …) zum Ausschlag gebracht.
- **Eintauchmethode:** Diese Methode wird zur Feststellung der Intensität von Strahlungszonen angewandt. Bei der Eintauchtechnik stellt man sich parallel zur Zone und bewegt sich dann mit gespannter Rute seitlich in diese hinein, bis die Rute ausschlägt. Die Rute wird hierauf mechanisch unter Beibehaltung der Rutenspannung wieder in die Ausgangslage zurückgedreht und man bewegt sich aus der Zone wieder heraus. Dann wird dieser Vorgang so lange wiederholt, bis kein Rutenausschlag mehr erfolgt. Ähnlich einem Kondensator wird der Körper des Radiästheten dabei aufgeladen. Wenn kein Potenzialunterschied zwischen dem neutralen Platz und der Zone im Körper durch die Eintauchbewegungen mehr besteht, erfolgt kein weiterer Rutenausschlag. Die Häufigkeit der notwendigen Eintauchbewegungen liefert die gewünschte Detailinformation (z. B. die Intensität) zu einer festgestellten Zone.

Die Winkelrute schlägt horizontal aus.

Parameter der Grifflängen- oder Mentaltechnik

Geologische Anomalien

- Wasseradern mit Fließrichtung, Hauptzone, Ankündigungszonen I und II
  Bei Brunnen: Tiefe, Schüttung und Schwerpunktlinie
- Verwerfungen wie z. B. Bruchzonen, Erdspalten, Klüfte, Risse, Gefügeveränderungen der Bodenstruktur

Netzgitter

- Globalgitter (Orthogonal – »Hartmanngitter«)
- Diagonalgitter (»Currygitter«)
- Kreuzungspunkte der Gitter
- Einflüsse auf die Gitter durch Wasseradern, Verwerfungen u. ä., E-Leitungen oder E-Geräte

Checkliste Eintauchmethode

Mit der Eintauchmethode nach Schneider-Lüdeling werden die Feinheiten der geologischen Anomalien und der Netzgitter ermittelt.

- **Intensitäten der geologischen Anomalien:** Die Skala reicht von 1 bis 3 für starke Anomalien, bei Intensität von 3 bis 5 spricht man von mittleren bis schwachen Anomalien. Ab Stärke 5 sind kaum mehr geopathische Anomalien feststellbar.
- **Polarisation:** Es gibt positive (+) oder negative (-) Polarisation.
- **Eventuelle geomantische Zonen**
- **Planeten-, Kraftlinien (Leylines)**
- **Kraftplätze**

Mutungen in Innenräumen

In Innenräumen sind bei Bedarf mit speziellen Geräten bzw. unter Beiziehung von einschlägigen Spezialisten Nieder- und Hochfrequenzen, elektrische und magnetische Gleichfelder, Radioaktivität sowie Luftschadstoffe (Lösungsmittel, Biozide, Asbest u. ä.) oder Pilzbelastungen zu untersuchen.

Dokumentation

Sämtliche Ergebnisse der Mutungen und Messungen sind mittels Checkliste schriftlich und auf Planskizzen (1:20 bis 1:100) mit Ort- und Zeitangaben sowie Kotierungen und Legenden (in Farben) der Belastungszonen festzuhalten und stellen die Grundlagen einer ausführlichen Beratung zur Verbesserung der jeweiligen Situation dar.
Solche Planskizzen sollten als Grundlage und Voraussetzung für Neu- oder Umplanungen eines Gartens nach einer radiästhetischen Untersuchung dienen.

Erdstrahlen

Erdstrahlen als »unsichtbare Kräfte« sind aus der Erde kommende Strahlungen, feinstoffliche Energien, die durch unterirdische geologische Gegebenheiten wie Verwerfungen, Spalten, Erz- oder Kristallgänge, Gesteinswechsel sowie durch Wasseradern oder Gitternetze verursacht werden. Sie sind bis heute auf direktem Weg nicht mit herkömmlichen technischen Geräten messbar.

Diese Wünschelrute ist aus frischem Eschenholz geschnitten.

Werkzeuge der Radiästheten

Seit Jahrtausenden können strahlenfühlige Menschen (Radiästheten) feinstoffliche Energien wie zum Beispiel Erdstrahlen aufspüren, definieren und zum Wohle der Menschheit nutzen (siehe auch »Geschichte der Radiästhesie«). Mit ihren Fähigkeiten konnten sie bereits in frühgeschichtlichen Kulturen nicht nur Wasser und Erzlagerstätten finden, sondern auch durch die Feststellung von Reiz- und Störzonen einen Beitrag zur Erhaltung des Wohlbefindens und der Gesundheit des Menschen leisten.

Die unterschiedlichen Energien wirken neurophysiologisch und verändern die Muskelspannung des Körpers des Radiästheten, wodurch wiederum die verwendeten Anzeigeinstrumente in bestimmte Bewegung geraten. Der Körper des Radiästheten ist also die Antenne zum Empfang der Strahlen bzw. Energien. Seine Reaktionen werden durch Hilfswerkzeuge (Indikatoren) angezeigt. Die bekanntesten von Radiästheten verwendeten Werkzeuge werden in der Folge kurz beschrieben.

Die »Wünschelrute«

Die Rute ist seit langer Zeit in vielerlei Formen ein unverzichtbares Werkzeug für den Radiästheten. Sie eignet sich besonders gut für radiästhetische Untersuchungen, sogenannte Mutungen, die während der Begehung eines Geländes ausgeführt werden. Ruten können verschiedene Formen haben und aus unterschiedlichen Materialien bestehen.

- **Die Winkelrute** besteht aus zwei rechtwinkelig gebogenen, L-förmigen Metalldrähten, deren kürzere Enden jeweils in eine Hand genommen werden. Die längeren Teile zeigen waagrecht nach vorn. Die Anzeige der Winkelrute erfolgt durch Überkreuzung bzw. Auseinanderbewegung der waagrechten Rutenteile.
- **Wünschelrute aus Zweigen:** Die ersten klassischen Wünschelruten waren frisch geschnittene, gegabelte Zweige in Y-Form. Solche Y-Ruten z. B. aus Weiden-, Haselnuss- oder Eschenholz können noch immer mit gutem Erfolg zur Wassersuche verwendet werden.

Die V-Rute aus plastifiziertem Metall schlägt vertikal aus.

- **V-Ruten:** Meist werden heute jedoch von Radiästheten V-Ruten aus biegsamen Metallen oder Plastik verwendet. Die Anzeige der Y- oder V-Ruten erfolgt durch Ausschlag nach unten oder oben.
- **Lecherantenne:** Eine Sonderform der Rute ist die sogenannte Lecherantenne sowie Ruten mit Markierungen. Sie werden in der Grifflängentechnik verwendet. Hier wird die Rute mit bestimmten Grifflängen auf die Resonanz der gesuchten Energien eingestellt. Die Arbeit mit der Grifflängentechnik setzt allerdings größere radiästhetische Erfahrung voraus.

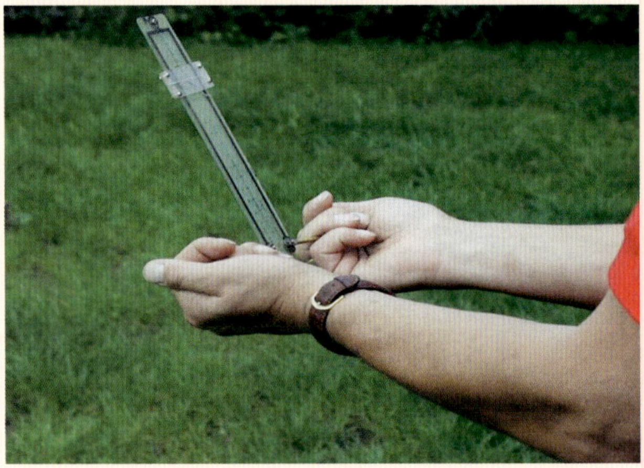

Die Lecherantenne ist für erfahrene Rutengänger.

Der Pendel

Der Pendel – im Gegensatz zum »sächlichen« physikalischen Pendel bezeichnete bereits Goethe den siderischen Pendel mit dem männlichen Artikel – ist ein ebenfalls altbewährtes Anzeigeinstrument vieler Radiästheten. Pendel sind sehr auf den Benutzer abgestimmte Werkzeuge und daher je nach persönlicher Vorliebe des Benutzers aus verschiedenen Materialien. Grundsätzlich kann mit jedem Gegenstand, der an einem Faden hängt, gependelt werden. Am besten geeignet haben sich jedoch Kettchen (z. B. aus Messing) herausgestellt, an deren Ende ein Pendelkörper aus Messing oder Halbedelstein hängt.

Der Pendel eignet sich besonders für Mutungen am Stand, indem dem Radiästheten das Ergebnis durch Rechts-/Linksdrehung bzw. Vor-/Zurück- oder Querbewegung des Pendelkörpers angezeigt wird. Im Vergleich zur Rute ist die Arbeit mit dem Pendel für den Radiästheten weniger belastend.

Der Pendel mit Messingkörper hat sich sehr bewährt.

Manche ziehen Pendel mit Amethystkörpern vor.

Der Tensor wird mit einer Hand gehalten.

Die Einhandrute (Tensor)

Die Einhandrute, auch Pendelrute genannt, besteht aus einem Griff, einer federnden Antenne mit einem Ring an der Spitze. Im Vergleich zum Pendel, welcher nur in hängender Lage verwendet werden kann, ist die Einhandrute in jeder Lage verwendbar und etwas leichter handhabbar. Die Tensorspitze kann das Mutungsergebnis durch vertikale oder horizontale sowie links- oder rechtsdrehende Bewegungen anzeigen.

Praktische Wassersuche mit der Rute

Die praktische Handhabung der Rute wird am Beispiel der Wassersuche mit mentaler Mutungstechnik gezeigt. Unter einer im Untergrund verlaufenden Wasserader versteht man in der Radiästhesie Wasser, das sich in einer wasserdurchlässigen Bodenschicht seinen Weg sucht. Der Durchmesser einer solchen Wasserführung muss gar nicht so stark sein, um an der Oberfläche durch Reaktionsstreifen, den sogenannten Hauptzonen und Ankündigungszonen, biologisch wirksam und für den Radiästheten mit folgender Arbeitsweise nachweisbar zu werden:

1 Einstellung des Unterbewusstseins auf »im Untergrund fließendes Wasser«
2 Programmierung auf »Ortung der Hauptzone«
3 Spannen der Rute im labilen Gleichgewicht
4 Abschreiten des Geländes entlang den Seitenlinien des zu untersuchenden Bereiches. Markieren der Reaktionspunkte (Rutenausschlag). Dann vom Ausgangspunkt beginnend Untersuchung der Fläche in Schlangenlinien. Reaktionspunkte wieder mit Holzpflöcken markieren.
5 Die Verbindung der markierten Reaktionspunkte lässt den Verlauf der Wasserader sichtbar werden.
6 Eine mehrmalige Kontrolle der gefundenen Reaktionspunkte ist angebracht.

In Schlangenlinien wird die Fläche gemutet:

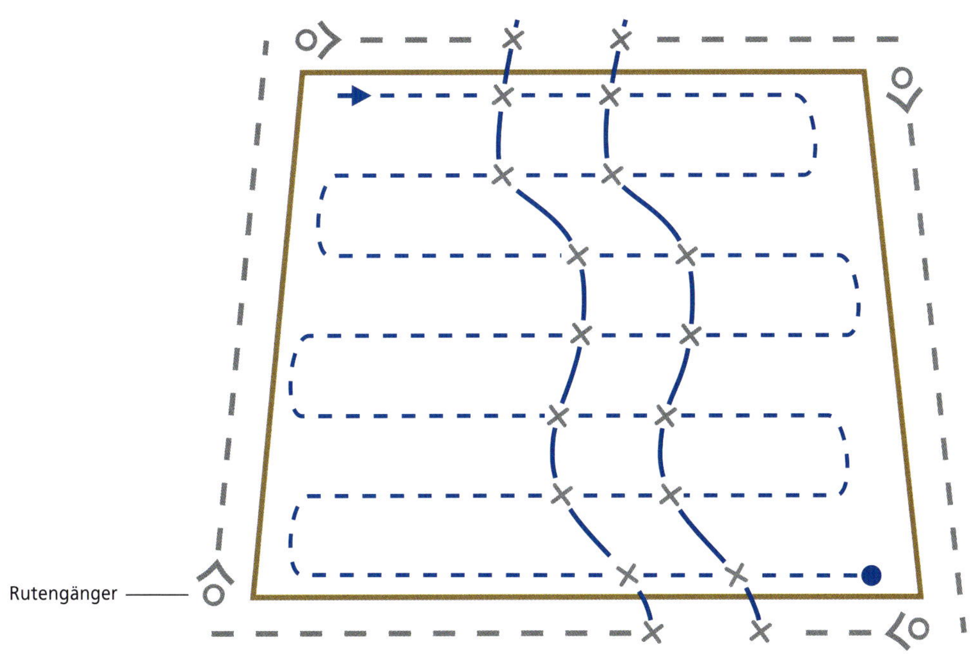

Das menschliche Biosystem hat, so wie alle anderen lebenden Systeme auch, auf die Einwirkung von Erdstrahlen verschiedenste Reaktionsmöglichkeiten. Diese reichen von verträglich bis unverträglich.

Erdstrahlen und Lebewesen

Grundsätzlich gesehen ist der Mensch ein Strahlenflüchter. So wie bei allen anderen Umwelteinflüssen hängt jedoch die Reaktion des menschlichen Körpers auch bei Erdstrahlen von deren Art, Intensität und Dauer der Einwirkung sowie natürlich von seiner individuellen physischen und psychischen Sensibilität ab. Man kann daher nicht allgemein von der Schädlichkeit von Erdstrahlen für den Menschen sprechen.

Auf die Dauer kommt es an

Selbst an Orten mit sehr starker Strahlungsintensität kann sich ein begrenzter Aufenthalt für den Menschen positiv auswirken, indem Körper und Geist angeregt oder beruhigt werden. Bei Kuraufenthalten in Heilbädern, Heilstollen u. ä. macht man sich diese Erfahrung gezielt und ärztlich überwacht zunutze. Man sollte daher allgemein besser von Reizzonen und nur in jenen Wohn- und Gartenbereichen von Störzonen bzw. geopathischen Zonen sprechen, wo Menschen auf Grund langer Verweildauer und hoher Strahlungsintensität in Gefahr sind, körperliche Schäden zu erleiden.
Der bekannte Arzt und Radiästhet Dr. Gasperl schreibt dazu: »Erkrankungen auf geopathischen Zonen sind eine Dosis-, Verhältnis-, Konstitutions- und Konstellationsfrage« und »Stör- oder geopathische Zonen sind jedoch keine primären Krankheitserreger wie z. B. Viren oder Bakterien, sondern Risikofaktoren.«
Wo es möglich ist, reagieren Menschen auch heute noch unbewusst auf Reiz- oder Störzonen durch Ortswechsel, obwohl vielen der sichere Instinkt der Tiere mit der Zivilisation abhanden gekommen ist. Umso wichtiger ist es, dieses nützliche Wissen wieder in unseren Alltag bei der bewussten Wahl des Lebensraumes einfließen zu lassen.

Gitternetze

Gebräuchliche Bezeichnung für bereits in der Antike bekannte radiästhetische Phänomene. Sie überziehen die Erde rasterförmig. Besonders an den Kreuzungspunkten mit wechselweise positiver und negativer Ladung kann die Strahlung wesentlich verstärkt wirksam sein.

Ein neutraler Essplatz wird gerne und lange genutzt.

Der Schlafplatz

Hier hält man sich ohne große Ortsveränderung über mehrere Stunden auf. Liegt der Schlafplatz über einer Reizzone, wird die Dosis der Strahlung durch die lange Einwirkungsdauer übermäßig hoch und mit Beeinträchtigungen des körperlichen Wohlbefindens bis zu gesundheitlichen Störungen ist zu rechnen. Man muss in diesem Fall daher von einer Störzone sprechen. Die Auswirkungen solcher Störzonen im Schlafbereich sind je nach Art und Intensität der Strahlung unterschiedlich.

Liegt der Schlafplatz auf einer abladenden, Energie abbauenden Störzone, wie dies meist bei links polarisiert drehenden geologischen Anomalien im Untergrund (Wasseradern, Verwerfungen, Risse u. a.) der Fall ist, wird man hier zwar wahrscheinlich gut einschlafen, in der Früh jedoch durch den zu lange erfolgten Energieentzug müde – »wie gerädert« – aufwachen.

Ist die Störzone im Bettbereich jedoch durch rechtsdrehend polarisierte geologische Gegebenheiten oder Netzgitter aufladend, somit Energie aufbauend, kann dies nicht nur beim Einschlafen zu langen Wachphasen und unruhigem Schlaf führen.

Besonders energiereiche Störzonen aufladender oder abladender Art sind zum Beispiel Kreuzungspunkte von Globalgittern und Wasseradern. Sie sind daher für Schlafplätze absolut ungeeignet und unbedingt zu meiden, da sie bei längerer Nutzung schwere körperliche Schäden hervorrufen können. Gasperl schätzt die Ursachen von Erkrankungen so ein: »Ein Drittel ist Disposition wie Erbmasse, Veranlagung, Störung der Lebensrhythmen, ein weiteres Drittel ist die Konstitution wie Beschaffenheit, Reaktionsbereitschaft, Leistungs- und Anpassungsfähigkeit, das dritte Drittel ist die Exposition, das heißt, der Standort, wo wir liegen, sitzen, leben!«

Der aufladende Sitzplatz lädt zu kreativer Arbeit ein.

Ideal für den Schlafplatz sind daher neutrale, störungsfreie Zonen (»Nur ein neutraler Schlafplatz ist ein guter Schlafplatz.«), die möglichst bereits bei der Auswahl des Baugrundes, des Schlafzimmerbereiches oder zumindest des Bettplatzes berücksichtigt werden sollten. Bei nachträglicher radiästhetischer Untersuchung bereits bestehender Schlafplätze genügt oft eine geringe Umstellung des Bettes, um aus dem Strahlungsbereich zu gelangen.

Immer wieder, oft teuer angebotene Abschirmungen sind nach bisheriger Erfahrung aller seriösen Radiästheten unwirksam und daher gesundheitsschädlich!

Globalgitternetz und Currygitter

- **Globalgitternetz:** Nach dem deutschen Arzt Dr. E. Hartmann auch Hartmanngitter genannt, überzieht es orthogonal den Erdball von Nord nach Süd und von Ost nach West. Je nach geographischer Lage betragen die Streifenabstände zwischen 2 und 2,5 m, die Streifenstärken variieren normalerweise zwischen 20 und 40 cm.
- **Currygitter:** Das von Dr. M. Curry erstmals beschriebene Gitternetz überzieht die Erde diagonal (NO-SW, NW-SO) zum Globalgitter mit einer Maschenweite von 2,0 bis 3,5 m. Die Breite der Linien kann zwischen 20 und 40 cm variieren.

Der Arbeitsplatz

Da man sich auch am Arbeitsplatz häufig für längere Zeit ortsfest aufhält, sollte sich dieser entweder auf einer leicht aufladenden Reizzone oder auf einer neutralen Zone befinden. Stark aufladende Energien können neben körperlichen Problemen Nervosität oder Hektik, stark abladende Zonen Müdigkeit oder Konzentrationsprobleme auslösen und sind daher für Arbeitsplätze weniger geeignet. Aufmerksame Lehrer mit einschlägigem Wissen berücksichtigen diese Erfahrungen, indem sie ihre Schüler immer wieder nach Bedarf umsetzen.

Auf diesem störungsfreien Sitzplatz fühlen sich alle wohl.

Wenn die radiästhetischen Voraussetzungen gegeben sind, kann es sehr zweckmäßig sein, im Büro oder zu Hause gezielt über Reizzonen alternative Kurzarbeitsplätze einzurichten, die je nach Bedarf zur Beruhigung oder zur geistigen Anregung bzw. Steigerung der Kreativität genutzt werden können. Von vielen bekannten Künstlern, Schriftstellern und anderen geistig, kreativ Schaffenden ist bekannt, dass sie bewusst den Genius Loci, also den besonderen Geist eines Ortes im Haus oder im Garten erfolgreich nutzten.

Neutrale Zonen

Zonen ohne unterirdisch fließendes Wasser, über homogenen, geologisch einheitlichen Gefügestrukturen sowie mit gleichmäßigen Abständen von Netzgittern mit eher geringer Intensität. Geeignet für die Regeneration von Geist, Seele und Körper. Strahlenflüchter fühlen sich hier langfristig wohl.
Empfohlene Farben: Gelb, Grün, Rosa, Hellblau. Aus radiästhetischer Sicht sind hier alle Wegebeläge möglich.

Ein Pavillon auf einer Störzone bleibt unbeliebt und ungenutzt.

Sitz- und Ruheplätze

Auch im Garten ist für Sitz- und Ruheplätze eine bewusste Nutzung zu empfehlen.
Neutrale, störungsfreie Plätze wirken ausgleichend, erholsam und laden zu langen, festlichen Tafelrunden mit Familie oder Freunden. Steht der Esstisch zum Beispiel auf einem neutralen Platz, wird er sicher gerne und lange genutzt. Auch der gemütliche Leseplatz, wo sich Oma sichtlich wohlfühlt, befindet sich auf einem neutralen Platz. Hier gesellt sich auch gerne der Hund als ausgeprägter Strahlenflüchter dazu. (Abb. Seite 31)
Wenn es die Größe und die radiästhetische Gegebenheit des Gartens ermöglicht, kann das Wohlbefinden der Nutzer nicht nur durch weitere Sitzmöglichkeiten in Schatten- oder Sonnenbereichen, sondern auch an bewusst ausgewählten aufladenden oder abladenden Plätzen gesteigert werden, indem man diese je nach Bedarf nutzt. Die idyllische Bank am Wasser in Fischform steht auf einer linksdrehenden, Energie abziehenden Reizzone und eignet sich daher hervorragend zum kurzzeitigen Entspannen. Der Sitzplatz der Abbildung auf Seite 30 ist dagegen nicht nur an heißen Sommertagen durch seinen Naturschatten und seine Wassernähe sehr angenehm, sondern er lädt auch durch seine im rechten Bereich aufladende, positiv rechtsdrehende Lage zu angeregten Gesprächen sowie zur kreativen, geistigen Arbeit ein.
Aus radiästhetischer Sicht schlecht positioniert ist zum Beispiel der Pavillon in einem öffentlichen Park. Er steht auf einer Störzone, die nicht zum Verweilen einlädt. Die Bank außerhalb ist neutral und wird gerne genutzt.
Besonders ungünstig für den Menschen ist erfahrungsgemäß der Aufenthalt in hoch strahlungsintensiven, linkspolaren Zonen über Kreuzungsmittelpunkten von Wasseradern oder Verwerfungen.
Völlig ungeeignet für die Nutzung durch den Menschen sind Orte mit kapazitiven Prägungen, wie sie über Steinkristallen, früheren blutigen Kult- oder Opferplätzen, Richtstätten, Streit- oder Schlachtplätzen, Pestgruben, Massengräbern u. ä. vorkommen können. Diese Plätze sollte man eher meiden und sich von einem verantwortungsvollen, seriösen Radiästheten ohne Mystifikation erklären lassen.

Diese Fischerbank steht auf einer abladenden Reizzone.

Aufladende Zonen

Bereiche über positiven, rechtsdrehenden geologischen Reizzonen bzw. geomantischen Einflüssen. Intensitätsabhängiger, zeitlich beschränkter Aufenthalt für ältere, geschwächte, rekonvaleszente Menschen empfehlenswert.
Fördernde Wirkung bei Sport, Spiel, Kommunikation, Diskussion, Kreativität u. ä.
Für längere, unbeschränkte Aufenthalte von Strahlenflüchtern nicht geeignet.
Empfohlene Farben: Dunkelblau, Violett.
Empfohlene Wegebeläge: Quarzplatten.

Abladende Zonen

Zonen über meist negativen, linksdrehenden geologischen Anomalien (Wasseradern, Risse, Verwerfungen) oder Doppelzonen von Ortho- oder Diagonalgitterkreuzungen.
Beschränkter Aufenthalt mit beruhigender, Geist und Seele reinigender Wirksamkeit.
Für längere, unbeschränkte Aufenthalte von Strahlenflüchtern nicht geeignet.
Empfohlene Farben: Rot, Orange.
Die Wege in solchen Bereichen sollten nicht abgedeckt (Platten, Kies) sein.

Kraftplätze

Kraftplätze sind besonders stark aufladende Orte über geomantischen Plätzen wie Kreuzungspunkten von rechtsdrehenden Wasseradern, rechtsdrehenden Doppelzonen von Netzgittern, Kraftlinien, Planetenlinien u. a. bzw. über sakralen Zonen, unblutigen Opferstätten und Kultplätzen.
Unter fachlicher Anleitung kann die Intensität solcher Orte durch Steinsetzungen, Steinkreise, Labyrinthe, Irrgärten, geomanthische Spiralen, Pflanzensetzungen oder Einweihungsrituale verstärkt werden.
Kraftplätze sind empfehlenswert zu befristetem Aufenthalt bei Meditation, notwendigem körperlichem, geistigem und seelischem Aufbau besonders geschwächter Personen, bei Ausweglosigkeit, Suizidgefahr und Ängsten. Achtung! Bei Überdosierung (zu langem Aufenthalt) sind negative Resultate zu erwarten.
Die Farbe Violett bringt Kraftplätze besonders zur Geltung. Der Boden solcher Plätze sollte durch Platten mit hohem Quarzgehalt oder Kies bedeckt sein.

Erdstrahlen und Tiere

Im Gegensatz zum Menschen reagieren Tiere auf Erdstrahlen sehr unterschiedlich. So wie auch bei den Pflanzen finden wir im Tierreich neben ausgeprägten Strahlenflüchtern und ebensolchen Strahlensuchern auch solche mit mehr oder weniger Strahlungstoleranz. Sie wählen ihren Lebensraum wie Nist- und Brutplätze, Nester, Baue oder auch Schlafplätze intuitiv an für sie günstigen Orten aus. Unsere Vorfahren nutzten das seit tausenden Jahren bekannte Wissen um die Vorlieben der verschiedenen Tierarten gezielt aus, um für sich selbst, aber auch für ihre Haus- und Nutztiere günstige Lebensbedingungen zu schaffen.

Ameisen

So hat man zum Beispiel Ameisennester auf einem in Aussicht genommenen Bauplatz eingegraben und diesen zumindest einen Sommer lang ungestört beobachtet. Wanderten die Ameisen als extreme Strahlensucher, die ihre Nester sogar bevorzugt auf strahlenbelasteten Plätzen (Kreuzungspunkten) einrichten, ab,

Die Roten Waldameisen bauen auf einer wasserführenden Kreuzung.

dann konnte man mit hoher Wahrscheinlichkeit annehmen, dass der Bauplatz strahlungsfrei und für die Nutzung durch den Menschen geeignet war. Blieben sie, war dies ein Zeichen, dass dieser Platz für eine Besiedelung ungeeignet ist.

Haustiere

Da die Bauern früher auch wussten, dass die für das eigene Überleben wichtigsten Haustiere wie Rinder, Pferde, Schafe, Ziegen und Hühner auf Störzonen keine guten Lebensbedingungen haben, findet man zum Beispiel bei mittelalterlichen Bauernhöfen die Ställe durchwegs auf neutralen, strahlungsfreien Plätzen.

Hunde meiden instinktiv Störzonen.

Der Lieblingsplatz dieser Katze
liegt über einer starken Störzone.

Hunde und Katzen

Eine alte Volksweisheit lautet auch: »Dort, wo sich der Hund (Strahlenflüchter) zum Schlafen hinlegt, ist es auch für den Menschen geeignet.« Hingegen »Wo die Katze (Strahlensucher) schläft, sollte dies der Mensch nicht tun.« Der Lieblingsplatz dieser Katze sollte von Menschen nur kurzzeitig genutzt werden.

Vögel

Auch Vögel sind seit jeher bis auf wenige Ausnahmen eher als Strahlenflüchter bekannt. Im Volksmund ist daher überliefert, dass in Häusern, auf denen der Storch sein Nest baut, die Menschen besonders glücklich und fruchtbar sind (»Der Storch als Kinderlieferant«).

Auch Ställe, in denen Schwalben nisten, galten als besonders gesund. Blieben Storch oder Schwalbe aufgrund einer geomantischen Veränderung im Untergrund aus, bedeutete das künftiges Unheil.

Man sollte daher Vogelnistkästen unbedingt auf Bäumen über neutralen Zonen montieren, damit sie auch wirklich zum Brüten verleiten. Nistkästen an stark mit Efeu bewachsenen Bäumen sind ungünstig, da der Efeu bekanntlich ein verlässlicher Indikator für geschwächte Bäume ist.

Strahlensucher

Ausgesprochene Strahlensucher oder mit hoher Strahlungstoleranz ausgestattete Tiere sind: Ameisen, Biber, Bienen, Enten, Eulen, Fledermäuse, Heuschrecken, Hornissen, Käfer, Katzen, Maulwürfe, Mücken, Schildkröten, Schlangen, Termiten, Wasservögel, Wespen, Zugvögel während des Vogelzuges.

Strahlenflüchter

Ausgesprochene Strahlenflüchter oder mit geringer Strahlungstoleranz ausgestattete Tiere sind: Dachse, Füchse, Hunde, Kaninchen, Marder, Mäuse, Meerschweinchen, Pferde, Ratten, Reh- und Hochwild, Rinder, Schafe, Schweine, Siebenschläfer, Vögel (besonders Schwalben, Tauben, Hühner und Störche, ausgenommen jedoch Eulen und Wasservögel), Ziegen.

Nistkästen auf neutralem Standort werden gerne angenommen.

Wenn Pflanzen trotz guter Standortbedingungen und bester gärtnerischer Pflege darben, ist das ein sicheres Zeichen, dass noch etwas anderes für das Gedeihen ausschlaggebend ist. Auch auf den richtigen Ort und seine Ausstrahlung kommt es an.

Erdstrahlen und Pflanzen

Dass dies nicht die einzigen Einflüsse auf die Entwicklung der Pflanzen sein können, zeigt die Natur selbst. Man kann immer wieder beobachten, dass eine von zwei Pflanzen unter genau denselben oben genannten Bedingungen prächtig gedeiht, während die andere unter den gleichen gärtnerischen Bedingungen ein kümmerliches Dasein führt oder sogar eingeht.

Wie reagieren Pflanzen?

Da zeigt zum Beispiel ein Obstbaum als einziger in einer Plantage extremen Schrägwuchs oder nur eine Linde in einer Allee Krebswucherungen. So wie Mensch und Tier reagieren auch Pflanzen auf vorhandene unterirdische Strahlung an ihrem Standort. Da sie jedoch, wenn sie einmal angewachsen sind, nicht mehr den Standort wechseln können, ist dieser für ihr gesundes Wachstum besonders prägend.

In der natürlichen Verbreitung können sich Pflanzen ihren Standort selbst wählen, indem bei guten gärtnerischen und radiästhetischen Standortsvoraussetzungen der Same keimen oder der Keimling bzw. die Jungpflanze wachsen kann.

Wenn die Pflanze jedoch vom Menschen einen Standort zugewiesen erhält und dieser aus radiästhetischer Sicht für sie ungünstig ist, kann sie sich trotz guter gärtnerischer Voraussetzungen nicht optimal entwickeln.

Je nach Art und Intensität der Strahlung kann sie mit Wachstums-, Blüh- und Ertragsstörungen, erhöhter Krankheits- und Schädlingsanfälligkeit sowie im Extremfall mit starken Wuchsanomalien oder dem Absterben reagieren.

So wie auch bei den Tieren gibt es bei Pflanzen ausgesprochene Strahlensucher, die sich auf sogenannten Reizzonen – es sind dies meist wasserführende Zonen – besonders wohlfühlen, und im anderen Extrem Strahlenflüchter, die bevorzugt auf neutralen, strahlungsfreien Zonen gute Wachstumsbedingungen vorfinden. Dazwischen kann man je nach Gattung, Art oder sogar Sorte der Pflanzen alle Abstufungen der Strahlensensibilität beobachten.

Es ist daher für jeden Gärtner wichtig zu wissen, egal ob er Kräuter, Gemüse, Blütenpflanzen, Sträucher oder Bäume pflanzen will, welche radiästhetischen Anforderungen die Pflanzen an den jeweiligen Standort haben.

Die zusammengefasste, auf bisherigen Erfahrungswerten gärtnerisch interessierter Radiästheten fußende Zuordnung von Kulturpflanzen zu der Gruppe von Strahlensuchern oder Strahlenflüchtern soll das vorhandene gärtnerische Wissen vieler Garten- und Pflanzenfreunde sinnvoll ergänzen.

Strahlenflüchter und Strahlensucher – Bäume

Ausgesprochene Strahlenflüchter oder mit geringer Strahlungstoleranz ausgestattete Pflanzen	Ausgesprochene Strahlensucher oder mit hoher Strahlungstoleranz ausgestattete Pflanzen
Apfel *(Malus)*	Ahorn *(Acer)*
Birne *(Pyrus)*	Birke *(Betula)*
Blauglockenbaum *(Paulownia)*	Eibe *(Taxus)*
	Eiche *(Quercus)*
Buche *(Fagus)*	Esche *(Fraxinus)*
Douglasie *(Pseudotsuga)*	Eukalyptus *(Eucalyptus)*
Ginkgo *(Ginkgo)*	Fichte *(Picea)*

Strahlenflüchter und Strahlensucher – Bäume

Ausgesprochene Strahlenflüchter oder mit geringer Strahlungstoleranz ausgestattete Pflanzen	Ausgesprochene Strahlensucher oder mit hoher Strahlungstoleranz ausgestattete Pflanzen
Johannisbrotbaum *(Ceratonia)*	Kastanie *(Aesculus)*
Judasbaum *(Cercis)*	Kiefer *(Pinus)*
Kernobst allgemein	Kirsche *(Prunus avium)*
Kornelkirsche *(Cornus)*	Lärche *(Larix)*
Lederhülsenbaum *(Gleditsia)*	Mandelbaum *(Prunus dulcis)*
Linde *(Tilia)*	Marille *(Prunus armeniaca)*
Magnolie *(Magnolia)*	Mehlbeere *(Sorbus)*
Maulbeerbaum *(Morus)*	Olivenbaum *(Olea)*
Mispel *(Mespilus)*	Pappel *(Populus)*
Platane *(Platanus)*	Pfirsich *(Prunus persica)*
Scheinakazie *(Robinia)*	Pflaume *(Prunus domestica)*
Schnurbaum *(Sophora)*	Steinobst sortenspezifisch
Trompetenbaum *(Catalpa)*	Tanne *(Abies)*
Tulpenbaum *(Liriodendron)*	Thuje *(Thuja)*
Ulme *(Ulmus)*	Weide *(Salix)*
Walnuss *(Juglans)*	Zypresse *(Cupressus)*

Strahlenflüchter und Strahlensucher – Sträucher

Ausgesprochene Strahlenflüchter oder mit geringer Strahlungstoleranz ausgestattete Pflanzen	Ausgesprochene Strahlensucher oder mit hoher Strahlungstoleranz ausgestattete Pflanzen
Flieder *(Syringa)*	Brombeere *(Rubus)*
Himbeere *(Rubus)*	Buchs *(Buxus)*
Johannisbeere *(Ribes)*	Ginster *(Genista)*
Rosen *(Rosa)*	Haselnuss *(Corylus)*
Stachelbeere *(Ribes)*	Holunder *(Sambucus)*
Weißdorn *(Crataegus)*	Sanddorn *(Hippophae)*
	Schlehdorn *(Prunus spinosa)*
	Spindelstrauch *(Euonymus)*
	Wacholder *(Juniperus)*
	Weißdorn *(Crataegus)*
	Wildrosen *(Rosa)* (bis neutral)

Strahlenflüchter und Strahlensucher – Zierpflanzen, Gemüse und Kräuter

Ausgesprochene Strahlenflüchter oder mit geringer Strahlungstoleranz ausgestattete Pflanzen	Ausgesprochene Strahlensucher oder mit hoher Strahlungstoleranz ausgestattete Pflanzen
Blütenpflanzen, Gräser und Stauden	
Astern *(Aster)*	Bambus *(Bambusa)*
Azaleen *(Rhododendron)*	Brennessel *(Urtica)*
Begonien *(Begonia)*	Distel *(Carduus)*
Chrysanthemen *(Chrysanthemum)*	Efeu *(Hedera)*
	Eisenkraut *(Verbena)*
Geranien *(Geranium)*	Erdbeere *(Fragaria)*
Nelken *(Dianthus)*	Fingerhut *(Digitalis)*
Primeln *(Primula)*	Gänseblümchen *(Bellis)* (bis neutral)
Sonnenblumen *(Helianthus)*	Goldrute *(Solidago)*
Veilchen *(Viola)*	Hahnenfuß *(Ranunculus)*
	Herbstzeitlose *(Colchicum)*
	Schilf *(Phragmites)*
	Seerosen *(Nymphaea)*
	Seggen *(Carex)*
	Wollgras *(Eriophorum)*
Zimmer- und Kübelpflanzen	
Banane *(Musa)*	Dieffenbachie *(Dieffenbachia)*
Blattfahne *(Spatiphyllum)*	

Ausgesprochene Strahlenflüchter oder mit geringer Strahlungstoleranz ausgestattete Pflanzen	Ausgesprochene Strahlensucher oder mit hoher Strahlungstoleranz ausgestattete Pflanzen
Citrus *(Citrus)*	Fensterblatt *(Monstera)*
Clivie *(Clivia)*	Kaladie *(Caladium)*
Drachenbaum *(Dracaena)*	Leier-Gummibaum *(Ficus lyrata)*
Farne *(Filicopsida)*	Palmlilie *(Yucca)*
Ficus (ausgenommen *Ficus lyrata)*	Palmen *(Arecaceae)*
Grevillee *(Grevillea)*	Philodendron *(Philodendron)*
Grünlilie *(Chlorophytum)*	Saumfarn *(Pteris)*
Kakteen *(Cactaceae)*	Tradeskantie *(Tradescantia)*
Kamelien *(Camellia)*	
Maranta *(Maranta)*	
Mimosen *(Mimosa)*	
Orchideen *(Orchidaceae)*	
Purpurtüte *(Syngonium)*	
Schraubenbaum *(Pandanus)*	
Usambaraveilchen *(Saintpaulia)*	
Weihnachtskaktus *(Schlumbergera)*	

Strahlenflüchter und Strahlensucher – Zierpflanzen, Gemüse und Kräuter

Ausgesprochene Strahlenflüchter oder mit geringer Strahlungstoleranz ausgestattete Pflanzen	Ausgesprochene Strahlensucher oder mit hoher Strahlungstoleranz ausgestattete Pflanzen
Zimmerlinde *(Sparmannia)*	
Zimmerrebe *(Cissus)*	
Zyperngras *(Cyperus)*	
Gemüse und Feldfrüchte	
Blumenkohl *(Brassica)*	Bohne *(Phaseolus)**
Erbse *(Pisum)*	Boretsch *(Borago)*
Getreide (außer Hafer)	Hafer *(Avena)*
Gurke *(Cucumis)*	Hopfen *(Humulus)**
Karotte *(Daucus)*	Knoblauch *(Allium)*
Kartoffel *(Solanum)*	Mohn *(Papaver)*
Kohlrabi *(Brassica)*	Zwiebel *(Allium)**
Kraut *(Brassica)*	
Linsen *(Lens)*	
Mais *(Zea)*	
Rhabarber *(Rheum)*	
Rübe *(Beta)*	
Salat *(Latuca)*	
Sellerie *(Apium)*	
Spargel *(Asparagus)*	
Tomate *(Lycopersicum)*	* bis neutral

Ausgesprochene Strahlenflüchter oder mit geringer Strahlungstoleranz ausgestattete Pflanzen	Ausgesprochene Strahlensucher oder mit hoher Strahlungstoleranz ausgestattete Pflanzen
Kräuter, Gewürz- und Heilpflanzen	
Keine bekannt	Johanniskraut *(Hypericum)*
	Kamille *(Matricaria)*
	Kerbel *(Anthriscus)*
	Lavendel *(Lavendula)*
	Minze *(Mentha)*
	Petersilie *(Petroselinum)*
	Ringelblume *(Calendula)*
	Schierling *(Conium)*
	Schnittlauch *(Allium)*
	Thymian *(Thymus)*
	Tollkirsche *(Atropa)*
	Wegerich *(Plantago)*
	Wermut *(Artemisia)*
Sonstige	
	Mistel *(Viscum)*
	Pilze *(Fungi)*

Wuchsanomalien von Bäumen

Wenn man mit offenen Augen durch die Landschaft oder den Garten geht, kann man mit etwas Erfahrung am Wuchsverhalten der Pflanzen feststellen, ob sie sich auf einem für sie geeigneten oder ungeeigneten Standort befinden.

Ist ein nicht nur von den gärtnerischen, sondern auch von den energetischen Voraussetzungen geeigneter Standort gegeben, erkennt man dies an einem artgerechten, kräftigen Wuchs, einer schönen Blüte und gesunden Früchten. Besonders bei Pflanzen mit langer Lebensdauer, wie zum Beispiel bei Bäumen, kann man die Reaktionen auf die unterschiedlichen energetischen Einflüsse sehr gut beobachten. Erfahrene Radiästheten können daher den Wuchs von Bäumen als optischen Bioindikator für Anzeichen von Art und Intensität der Erdstrahlen nutzen.

Stehen »Strahlenflüchter« wie Linde oder Buche an einem neutralen, störungsfreien Platz, sind sie uns als beeindruckende, ein hohes Alter erreichende Baummonumente bekannt.

Die überlieferte Empfehlung, bei Gewitter unter Buchen Schutz zu suchen (»Buchen sollst du suchen.«), kann damit begründet werden, dass große Buchen an einem neutralen Platz stehen, Blitze jedoch eher von Störzonen angezogen werden. Auch eine prächtige Linde vor einem Gasthof (Wer kennt kein »Gasthaus zur Linde«?) signalisiert für den Menschen einen guten Ort, hier einzukehren.

Gute Wachstumsbedingungen finden dagegen »Strahlensucher« wie zum Beispiel viele Nadelbäume auf Stör- bzw. Reizzonen. Stehen Bäume oder Sträucher jedoch auf für ihre Art ungünstigen energetischen Standorten, kann dies zu Wachstumsstörungen, Missbildungen bis hin zu Absterbeerscheinungen (z. B. Zweig- oder Wipfeldürre) führen.

Strahlenflüchter auf Störzonen

Deutlich ausgeprägt sind die negativen Einflüsse von Störzonen auf strahlenflüchtende Pflanzen. Je nach Art und Intensität der Strahlungen in diesen Zonen zeigen vor allem Bäume ihre Reaktion durch verschiedene Wuchsanomalien. Als Strahlenflüchter versucht zum Beispiel der Apfelbaum in einer starken Störzone durch

Auffallend starker Mistelbewuchs weist auf Störzonen hin.

extremen Schrägwuchs zu entkommen (Abb. Seite 46). Erst außerhalb des Störbereiches bildet er wieder eine senkrechte Krone. Die Nachbarbäume, die sich außerhalb der Störungszone befinden, zeigen normalen Wuchs. Drehwuchs an Obstbäumen tritt dagegen besonders häufig auf Reizzonen durch gleichpolarisierte Kreuzungspunkte auf. Bei hoher Intensität dieser Störfelder kann die Drehung oft bis zu 360 Grad betragen. Zwiesel- oder Gabelwuchs bzw. Mehrstämmigkeit findet man besonders oft über unterirdischen Wasserläufen kombiniert mit Verwerfungen. An der Höhe des Gabelungsansatzes kann der kundige Radiästhet auf die Tiefe des unterirdisch strömenden Wassers schließen. Auch die übermäßige Bildung von Wassertrieben tritt häufig und besonders stark über Verwerfungen mit Wasserführung auf. (Abb. Seite 47)
Stammwucherungen, auch Baumkrebs genannt, zeigen besonders häufig Bäume, die auf Kreuzungen linkszirkularer unterirdischer Wasseradern und auf ebensolchen Gitternetzen stehen. Es sind dies vorwiegend abladende Orte. Einzelwucherungen treten meist auf einfachen Reizstreifen auf, Mehrfachwucherungen haben fast immer Kreuzungen von Reizzonen als Ursache. Die Stammwucherungen selbst haben erfahrungsgemäß nur geringen Einfluss auf den Gesundheitszustand des betroffenen Baumes. (Abb. Seite 47)
Die Mistel ist zwar als Schwächeparasit an vielen Altbäumen zu finden, besonders stark kann sie jedoch an Bäumen auftreten, die durch linksdrehende, abladende Störzonen geschwächt sind. Vermehrte Bildung von Frostrissen und Frostplatten am Stamm oder Absterbeerscheinungen weisen ebenfalls häufig auf vorhandene Störfelder hin.
Wie bereits erwähnt, sind strahlenflüchtende Pflanzen ganz besonders an Standorten über Kreuzungspunkten von Erdstrahlen betroffen. Hier gehen empfindliche Pflanzenarten, darunter sehr häufig Obstbäume, auch bei mehrmaliger Nachpflanzung immer wieder ein.
Auch in Hecken oder Spalieren weist ein wiederkehrender Ausfall von Pflanzen an bestimmten Plätzen auf eine lokal begrenzte, querende oder sich kreuzende Reizzone hin. Reizzonen mit geringerer Intensität führen zwar nicht unbedingt zu Wuchsanomalien, sie können jedoch eine höhere Anfälligkeit für Schädlingsbefall verursachen, wobei Steinobst in diesem Fall etwas widerstandsfähiger ist als Kernobst.

Wuchsanomalien im Porträt

Schrägwuchs

Der Apfelbaum reagiert auf die Curry-Doppelkreuzung mit Schrägwuchs. Die Nachbarbäume, die sich außerhalb der Störungszone befinden, zeigen normalen Wuchs.

Drehwuchs

Der Stamm des Mostbirnbaums zeigt einen typischen Drehwuchs. Drehwuchs an Obstbäumen tritt besonders häufig auf Reizzonen durch gleichpolarisierte Kreuzungspunkte auf.

Mehrstämmigkeit

Zwiesel- oder Gabelwuchs bzw. Mehrstämmigkeit findet man besonders oft über unterirdischen Wasserläufen kombiniert mit Verwerfungen. Häufig treten auch Wasserreiser auf.

Stammwucherungen

Diese Linde zeigt starke Stammwucherungen. Einzelwucherungen treten meist auf einfachen Reizstreifen auf, Mehrfachwucherungen wie hier haben fast immer Kreuzungen von Reizzonen als Ursache.

Strahlenflüchter Buche

Rotbuchen sind klassische Strahlenflüchter. Um diesen mächtigen und gesunden Wuchs zu erreichen, benötigen sie neben alkalischen und durchlässigen Böden auch einen neutralen Standort wie hier.

Strahlenflüchter Gingko

Der Ginkgo, als Vorfahre der heutigen Nadelgehölze ein sogenanntes »lebendes Fossil«, zeichnet sich durch besonders schönes Herbstlaub aus. Als Strahlenflüchter bevorzugt er neutrale Plätze.

Strahlensucher Birke

Diese Birkengruppe steht auf einer wasserführenden Verwerfung. Je nach Baumart – hier *Betula pendula* – sowie Art und Intensität der Strahlung können Birken auch zu Strahlenflüchtern zählen.

Strahlensucher Eibe und Buchs

Über mehr als hundert Jahre wuchsen die Eibe *(Taxus baccata,* links) und der Buchs *(Buxus sempervirens,* rechts) auf einer wasserführenden Verwerfung zu außergewöhnlich imposanten Pflanzen heran.

Fichte auf Reizzone

Zwei etwa gleich alte Fichten *(Picea abies)* auf benachbarten Standorten: Als Strahlensucher wuchs der linke Baum auf einer rechtsdrehenden oder positiven Reizzone prächtig im Vergleich zu der benachbarten Fichte.

Fichte auf neutraler Zone

Die rechte Fichte steht unmittelbar neben ihrer gut entwickelten Nachbarin. Auf einer neutralen Zone wachsend ist sie sichtbar weniger gut entwickelt. Sonst sind keine Standortsunterschiede erkennbar.

Negative Reizzone

Sowohl die Kiefer *(Pinus sylvestris)* als auch die Bank befinden sich auf einer negativen Reizzone. Der Baum als Strahlensucher fühlt sich wohl, ein Mensch auf der Bank davor sicherlich nur kurzzeitig.

Wasserzeiger Efeu

Bäume mit besonders starkem Efeubewuchs – wie hier diese alte Eiche – weisen verlässlich auf Standorte mit unterirdischen Wasseradern oder Verwerfungen mit Wasserführung hin.

Eine Gestaltung, die radiästhetische Gegebenheiten bewusst beachtet und miteinbezieht, eröffnet eine neue Dimension des Wohlfühlens im Garten für Menschen, Tiere und Pflanzen und schafft einen Lebensraum zum Entspannen und Kraft tanken.

Gartengestaltung und Radiästhesie

Hier finden Sie einige ausgewählte Beispiele für Gestaltungsempfehlungen nach radiästhetischen Untersuchungen von Grundstücken und Gärten. Ob Wasseradern, Verwerfungen oder Kraftplätze – alle Phänomene lassen sich in eine mutungsgerechte Gestaltung einbeziehen. Im Idealfall sollte ein Grundstück bereits vor dem Kauf oder zumindest vor der Bebauung und Gestaltung des Gartenbereiches von einem Radiästheten untersucht werden. Mit Hilfe des daraus resultierenden radiästhetischen bzw. geomantischen Planes kann nun der beste Standort des Hauses sowie die für Mensch, Tier und Pflanzen zuträglichste Gestaltung des Gartens überlegt werden.

Gestaltungsempfehlungen

Wird ein bereits bestehender Garten untersucht, kann eine möglicherweise geplante Umgestaltung gezielt unter besonderer Berücksichtigung der Mutungsergebnisse den Erholungswert für den Nutzer mit geeigneter Auswahl von Ruhe-, Sitz- oder Spielplätzen u. ä. steigern und den Pflanzen mit günstigeren Standortvoraussetzungen (Strahlensucher, Strahlenflüchter) bestmögliche Wachstumsbedingungen verschaffen.

Planungsgrundlagen

Als Planungsgrundlage für die folgenden Gestaltungsvorschläge wurden typische Mutungspläne von bebauten und unbebauten Grundstücken aus der langjährigen radiästhetischen Tätigkeit von Autor Gottfried Hules ausgewählt. Diese Mutungspläne wurden wegen der besseren Verständlichkeit und Übersichtlichkeit auf jene radiästhetischen Ergebnisse reduziert, die auf die Lebensqualität von Mensch, Tier und Pflanze im Gartenbereich Einfluss haben können.

Die erfahrungsgemäß überall vorkommenden, die Erde überziehenden Netzgitterstrukturen (z. B. Hartmann- und Currygitter) wurden in die Erstplanung im Detail nicht aufgenommen, da sie sich mit der jeweiligen Gestaltung kleinräumig und in ihrer Qualität verändern können. Es ist daher nach Beendigung der Bau- oder Umgestaltungsmaßnahmen eine nochmalige Gesamtmutung unter Beachtung aller Faktoren – auch der Netzgitter – vorzunehmen. Im Bedarfsfall könnte dieses abschließende Mutungsergebnis noch geringfügige örtliche Verlegungen von Daueraufenthaltsplätzen notwendig machen.

Da auch die Lage von vorhandenen oder geplanten Gebäuden am Grundstück, angrenzende Straßen sowie die Himmelsrichtung Voraussetzungen für fachlich fundierte Gestaltungskonzepte sind, wurden diese Angaben in die ausgewählten Mutungspläne übernommen.

Ein Paradies für Kinder

Der schönste Garten für eine Familie ist der, in dem sich alle ihre Mitglieder wohlfühlen. Er spricht alle Sinne an und bietet sowohl Erholung und gärtnerisches Betätigungsfeld für Erwachsene als auch genügend Möglichkeiten für Spaß, Bewegung, Rückzug und Naturerfahrung für Kinder.

Ein gut geplanter Familiengarten sollte also die Wünsche und Bedürfnisse aller künftigen Nutzer befriedigen. Er sollte auch die Möglichkeit bieten, ohne großen Aufwand mit den Kindern mitzuwachsen, indem er sich an die altersbedingt verschiedenen Ansprüche der Kinder anpasst.

Kinder brauchen Gärten zum Spielen und Austoben.

Spielen im Garten

Ein kinderfreundlicher Garten regt zu Bewegung, aktivem, phantasievollem Spiel und kreativem Erforschen der Natur an. Da handelsübliche Spielgeräte diese Erfordernisse allein erfahrungsgemäß nicht befriedigen können, werden sie im Idealfall von individuellen, an die Gegebenheiten des Gartens angepassten Spielbereichen wie Sandgruben, Baum- oder Weidenhäusern oder Wasserbereichen ergänzt. Am schönsten ist es jedoch, wenn den Kindern für ihre Spielleidenschaft ein eigener Gartenbereich zur kreativen Nutzung zur Verfügung gestellt werden kann.

Spezielle Wünsche

Ein kinderreiches Ehepaar zieht in ein bestehendes Haus mit Garten. Nachdem von Anfang an geplant war, den großen Garten familiengerechter, vor allem aber kinderfreundlicher umzugestalten, wurde rechtzeitig vor der Planung an eine radiästhetische Untersuchung des Grundstückes gedacht. An den Mutungsergebnissen orientieren sich dann auch die Gestaltungsvorschläge für eine große Terrasse, einen kleinen Naturteich, einige Staudenbeete, Blüh- und Beerensträucher, einen genügend großen Spielrasenbereich und ein Rückzugsgebiet im hinteren, baumbestandenen Teil des Gartens für die Kinder.

Die radiästhetische Ausgangslage

Die radiästhetische Untersuchung bringt ein erfreuliches, wenig problematisches Mutungsergebnis. Nur zwei Wasseradern queren diagonal das Grundstück. Eine etwa 4 m breite Ader verläuft vom Süd-Ost-Eck des Grundstückes in Nord-West-Richtung durch das Haus und den Garten. Im Gartenbereich ist die Ergiebigkeit und Lage dieser Wasserader so groß, dass

Mutungsergebnis »Ein Paradies für Kinder«

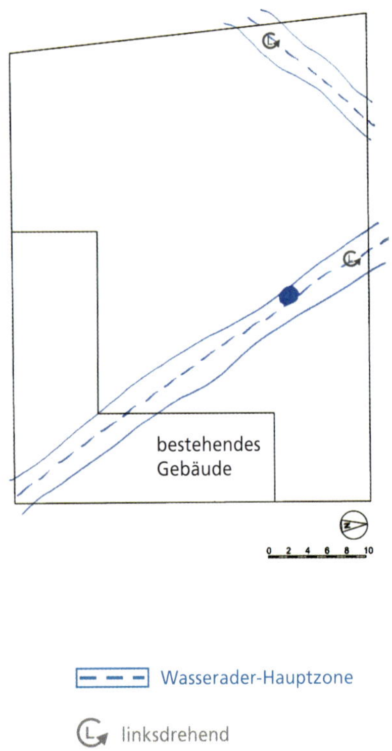

sie sich hervorragend für das Schlagen eines Brunnens eignen würde.

Die zweite Wasserader quert das Grundstück im Nord-West-Eck von Nord-Ost nach Süd-West. Beide Wasseraderbereiche sind linksdrehende und damit Energie abziehende Reizzonen, die bei längeren Aufenthalten den Elan und die Kreativität der Kinder beim Spielen deutlich herabsetzen können. Der übrige Bereich des Grundstückes ist strahlungsfrei.

Der Gestaltungsvorschlag

Das L-förmige, große Haus bietet genügend Platz für eine Großfamilie und bildet mit dem östlichen Teil eine ideale Abschirmung zur Straße.

Da die Wasserader das Gebäude im Eckbereich quert, bleiben genügend strahlungsfreie Zonen für Wohn- und Schlafbereiche.

Die beiden breiten Terrassen schließen gartenseitig an den Ostteil des Hauses an. Der nach Westen gerichtete Terrassenteil ermöglicht den Eltern den Blick auf die Aktivitäten der Kinder im nähergelegenen offenen, überschaubaren Gartenbereich mit der Spielwiese und der Schaukel.

Außerhalb der Reizzone ist auf der Terrasse noch genügend Platz für eine gemütliche Sitzgarnitur, in der man die Nachmittagssonne genießen kann.

Über die nördlich der Schmalseite des Hauses liegende Terrasse erfolgt der Zugang zu Haus und Garten. Hier findet man ein kleines Staudenbeet für Halbschatten bevorzugende Pflanzenarten sowie mehrere blühende Sträucher und einen kleinen kugelkronigen Zierlaubbaum, die zusammen den Eingangsbereich verschönern. In der Ecke, wo die Wasserader quert, wird man tunlichst Nebenräume anlegen, in denen man sich nicht lange aufhält, wie Abstellräume und Sanitäranlagen.

Wasser bereichert

Entlang dem gartenseitigen Gebäudeflügel, an der schattigen Nordseite, findet sich ein guter Platz für einen kleinen Naturteich mit Uferbepflanzung und einem Holzsteg, von dem aus die Kinder besonders gut die interessante Tier- und Pflanzenwelt im Wasser beobachten können. Gerade wenn Kleinkinder am Wasser spielen, ist es notwendig, sie ständig im Auge zu behalten. In diesem Fall ist es gut möglich, die Kinder bei diesem spannenden Abenteuer von Terrasse und Haus aus zu beaufsichtigen.

Gestaltung »Ein Paradies für Kinder«

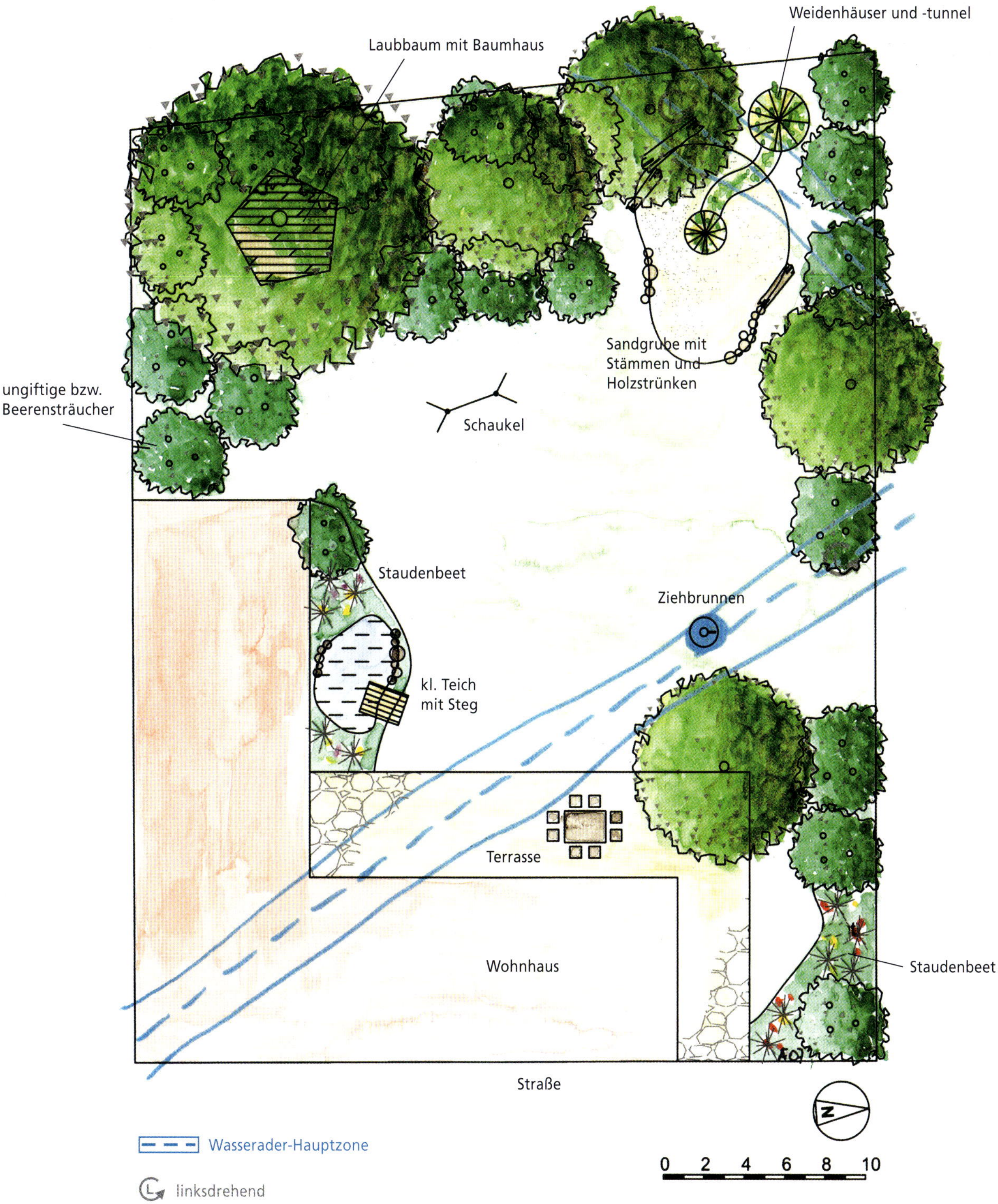

Wasser fasziniert alle Kinder.

Der Teich wird von schattenverträglichen Stauden oder Bodendeckerpflanzen umgeben.
Nach der Feng-shui-Lehre hat die Ecke am Westflügel des Hauses einen schlechten Einfluss auf den Spielbereich des Gartens und damit auf das Wohlbefinden der hier spielenden Kinder. Durch die Auspflanzung eines größeren Zierstrauches vor diesem störenden

Gebäudeteil kann die bedrohliche Situation erfahrungsgemäß entschärft werden.
An der vom Radiästheten bezeichneten Stelle über der Wasserader ist ein Ziehbrunnen geplant, der aus Erfahrung Kindern sehr viel Spaß bereitet und darüber hinaus zum kostensparenden Gießen des Gartens dienen kann.

Spielräume

Im offenen mittleren Gartenbereich lädt ein Spielrasen zu verschiedensten Freiraumspielen ein. Dort können auch Schaukel und andere Spielgeräte aufgestellt werden.
Der hintere Gartenteil mit einigen bereits bestehenden Laubbäumen wird mit verschiedenen Sträuchern dichter bepflanzt und dient den Kindern als Rückzugsgebiet. Versteckt und doch im Nahbereich der Eltern können sie hier ungestört ihre Kreativität ausleben und ihren Fantasien freien Lauf lassen. Hier kann endlich Abenteuer stattfinden. Der Bepflanzungsplan darf hier daher keinerlei unnötige Gefahrenquellen wie giftige Sträucher oder Bodenpflanzen vorsehen. Einige Beerensträucher im südlichen Bereich der Freifläche laden jedoch zum Naschen ein.
Der bestehende große Laubbaum eignet sich hervorragend für den Bau eines bei Kindern besonders beliebten Baumhauses, von dem ein Geheimweg zwischen den Büschen entlang dem Zaun zu einem von zwei Weidenhäusern führt. Von diesem kann durch einen Weidentunnel ein zweites Weidenhaus mitten in einer großen Sandgrube mit Sitzmöglichkeiten aus Holzstämmen erreicht werden.
Da die Holzstämme wie auch die Weidenhäuser und der Weidentunnel sowohl in der neutralen Zone als auch zum Teil in der abladenden Reizzone liegen, können die Kinder intuitiv den für sie gerade angenehmen Platz wählen.
Die hier querende Reizzone bietet den Weidenruten besonders gute Austriebbedingungen. Bei der Nachpflanzung von Bäumen und Sträuchern in der Reizzone sollte auf die Verwendung von geeigneten Strahlensuchern wie zum Beispiel verschiedenen Ahornarten, Kastanien oder Steinobstbäumen (*Acer* spp., *Aesculus* spp., *Prunus* spp.) geachtet werden.

Zurück zur Natur!

Im Naturgarten erfolgt in gewissem Sinn eine Umkehr der Gartengeschichte, in der der eingezäunte Garten gegen die ihn umgebende Wildnis geschützt werden musste. Diese Wildnis ist heute in einem naturnahen Garten ein schützenswertes Gut. Im Naturgarten, korrekterweise eigentlich im »naturnahen Garten«, wird versucht, die unberührte Natur aus einem umgebenden Lebensraum (Biotop) und alle ihre dort vorkommenden Organismen (Biozönose) mit den unterschiedlichen Nutzungswünschen der menschlichen Bewohner möglichst harmonisch zu verbinden. Mit einer guten, einfühlsamen Planung kann man in einem naturnahen Garten eine Vielfalt von unterschiedlichsten Lebensräumen schaffen, die wiederum einer großen Zahl von verschiedensten Tier- und Pflanzenarten Heimat bieten.
Naturnahe Gärten vermitteln ihren Nutzern mit einer an Sinneseindrücken reichen Welt nicht nur einen hohen Erlebniswert und Wohlgefühl, sondern sie zählen auch durch ein angestrebtes ökologisches Gleichgewicht zwischen allen beteiligten Tier- und Pflanzenarten zu den pflegeleichtesten aller Gartenformen.

Spezielle Wünsche

Ein berufstätiges Ehepaar mit einem schulpflichtigen Kind ist sehr naturverbunden. Ein pflegeextensiver Garten soll dem Freizeitwunsch nach Ruhe und Entspannung entgegenkommen. Aus diesem Grund hat sich die Familie auch für einen Schwimmteich und nicht für einen Pool entschieden. Ein zusätzliches Argument für den Schwimmteich war die zusätzliche ökologische Bereicherung des Gartens. Selbstverständlich durften auch ein ausreichend großes Gemüse- und Kräuterbeet, sowie ein großzügiger Kompostplatz, ohne den ein naturnaher Garten unvollständig ist, nicht fehlen. Das Haus und die Garage sollten den Garten möglichst von der Straße abschirmen.

Bunte Vielfalt bei den Blumenbeeten passt in den Naturgarten.

Mutungsergebnis »Zurück zur Natur!«

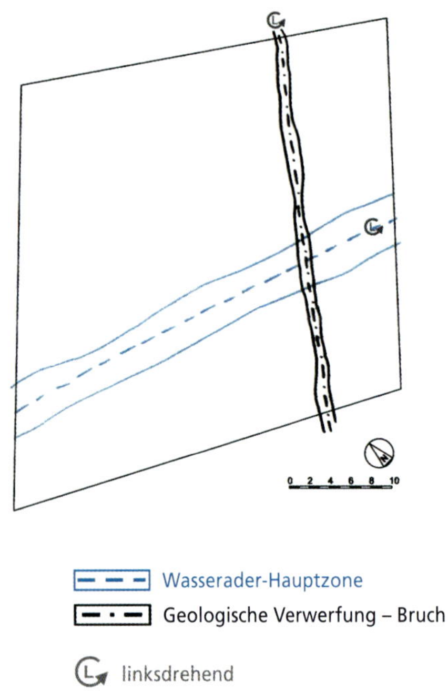

Die radiästhetische Ausgangslage

Das Grundstück wird von zwei, sich nahezu rechtwinkelig kreuzenden Reizzonen durchquert. Fast parallel zur etwa 10 m entfernten Straße (Nord-Ost nach Süd-West) verläuft eine etwa 4 m breite Wasserader. Von Süd-Ost nach Nord-West findet sich eine etwa halb so breite Verwerfungszone. Beide Reizzonen sind auf ihrer ganzen Länge linksdrehend und damit Energie abziehend. Diese abladende Wirkung ist ganz besonders stark im Bereich der Kreuzung beider Reizzonen gegeben.

Der Gestaltungsvorschlag

Um dem Gartenraum möglichst viel Platz zu verschaffen und gleichzeitig die gewünschte Abschirmung vom Straßenlärm zu ermöglichen, wurden das Wohnhaus und die Nebengebäude direkt an den Gehsteig gerückt. Mit der Platzierung der Garage und des Schuppens an die Süd-West-Grenze des Grundstücks in den Bereich der Verwerfungszone konnte der gesamte Wohnbereich frei von Erdstrahlung gehalten werden.

Die zum Garten liegende breite Terrasse liegt zwar am Nord-Ost-Ende teilweise im Bereich der Wasserader, die neutrale Zone bietet jedoch noch vor der am Süd-West-Ende querenden Verwerfungszone ausreichend neutralen Platz für eine Sitzgruppe zum langen, ungestörten Verweilen.

Natürlich Baden im Schwimmteich

Am Süd-West-Ende der Terrasse schließt ein Holzsteg an, der zum Schwimmteich führt. Die am linken Rand des Steges verlaufende Verwerfungszone und die Kreuzungszone mit der Wasserader erlauben die Wahl zwischen beruhigenden, abladenden und etwas kleineren neutralen, für längere Aufenthalte geeigneten Liegeplätzen. Der Schwimmteich ermöglicht mit seinen zirka 200 m² einen großzügigen Schwimmbereich und für die Aufrechterhaltung der Wassergüte ausreichende Bepflanzungszonen.

Eine große Trauerweide findet auf der Wasserader geeignete Wachstumsbedingungen und spendet zumindest nachmittags Schatten für Steg und Terrasse.

Dem Wunsch nach einem Kräuterbeet wurde mit einer dekorativen und praktischen Kräuterspirale im Bereich der Wasserader entsprochen, da Kräuter als Strahlensucher auf Störzonen nicht nur ideale Wachstumsbedingungen vorfinden, sondern auch erfahrungsgemäß an diesen Standorten ihr volles Geschmacks- und Geruchsaroma entfalten können.

Gestaltung »Zurück zur Natur!«

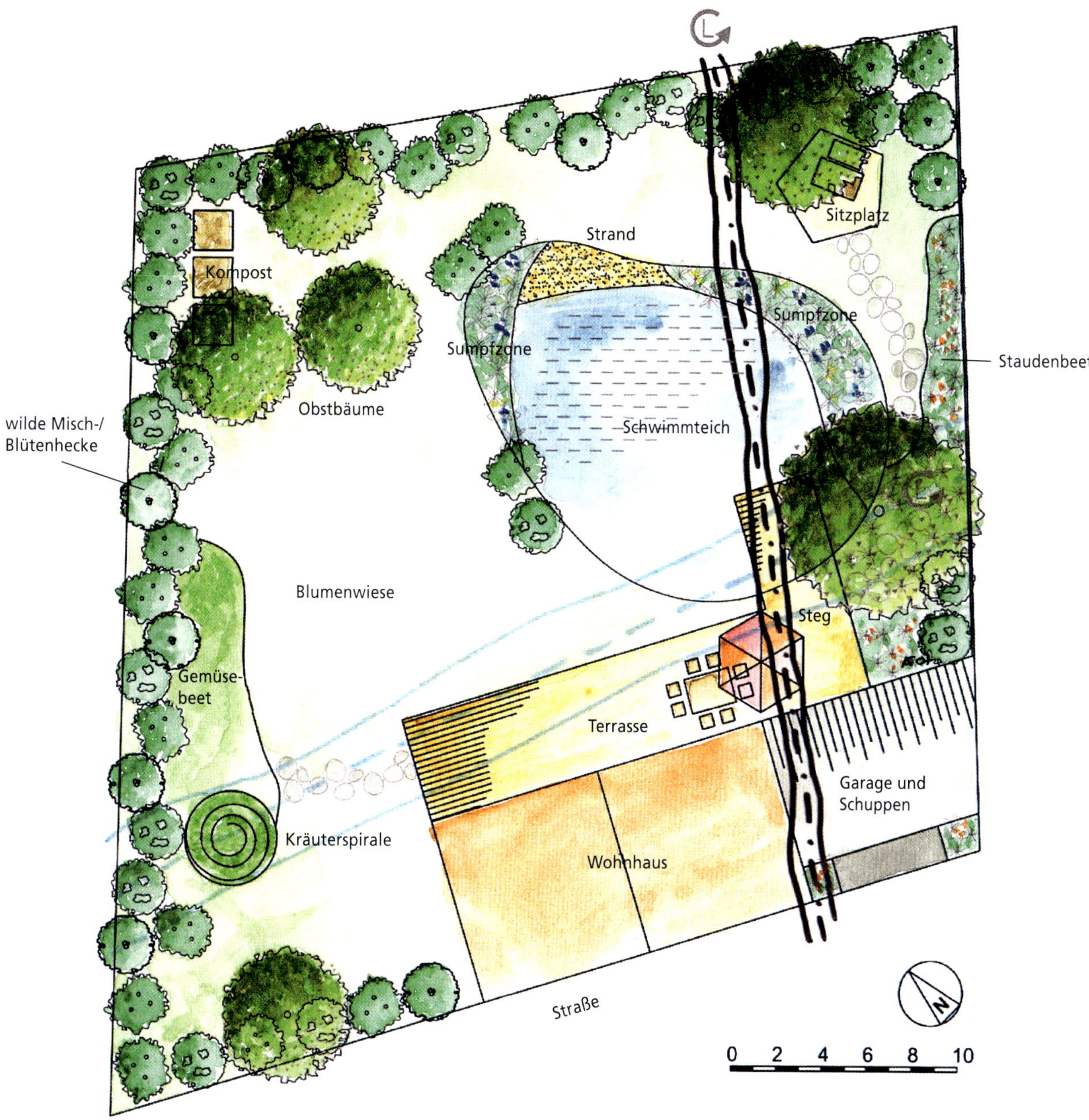

Wasserader-Hauptzone

Geologische Verwerfung – Bruch

linksdrehend

Naturgarten

Naturnahe Gärten übernehmen die Funktion einer Oase für die bedrohte Natur in unserer artenarmen Kultur- und Stadtlandschaft. Die Schaffung artgerechter Lebensräume für eine vielfältige Gemeinschaft von Tier- und Pflanzenarten ermöglicht ein stabiles ökologisches Gleichgewicht. Solche gewünschten Lebensräume können durch Verwendung standortgerechter Pflanzen in geeigneten Strukturen (z. B. Bäume, Sträucher, Blumenwiese) gebildet und durch den absoluten Verzicht auf Agrochemikalien wie Dünger und Pflanzenschutzmittel erhalten und gefördert werden.

Von der Hand in den Mund

Anschließend, bereits in der neutralen Zone, findet das Gemüse als Strahlenflüchter in einem den fließenden Formen des Naturgartens angepassten großzügigen Beet im Schutze der Blühsträucher ausgezeichnete Wachstumsbedingungen vor. Im nördlichen Eckbereich des Gartens ist ausreichend Platz für drei Kernobstbäume mit standortgerechten, robusten, krankheitsresistenten Apfel- oder Birnensorten.

Im beschatteten Bereich zwischen den Bäumen kann die in einem naturnahen Garten unverzichtbare Kompostaufbereitung mit drei klassischen Kompostsilos aus Holz erfolgen.

Blumenwiese statt sterilem Rasen!

Blumenwiese

Voraussetzung für eine artenreiche Blumenwiese sind ein sonniger Standort und ein nährstoffarmer Boden. Günstig für die Entwicklung der krautigen Vegetation ist sparsames Gießen, sowie nur ein- bis zweimaliges Mähen pro Jahr (erste Mahd erst nach der Samenreife gegen Ende Juni). Das Ausmähen von Rasenwegen oder das Stehenlassen von Blumeninseln ermöglicht die Zugänglichkeit wichtiger Gartenbereiche.

Im westlichen Eckbereich ist im Schatten eines Nussbaumes ein strahlenfreier, gemütlicher Sitzplatz mit schönem Ausblick auf den Schwimmteich, die Blumenwiese, die Terrasse und das Wohnhaus vorgesehen. Der Nussbaum *(Juglans regia)* als Strahlenflüchter muss allerdings in gebührendem Abstand von der Verwerfungszone gepflanzt werden, da er sonst schlecht gedeihen würde. Für einen naturnahen Garten selbstverständlich sind in allen unbepflanzten, sonnigen Gartenbereichen die pflegeleichten, bunt blühenden Blumenwiesen zu finden. Rasenwege führen von der Terrasse zu Kräuterspirale, Gemüsebeet und Kompostplatz.

Natürlicher Mantel

Als Blickschutz für den Garten wurde entlang dem Zaun eine harmonische Mischung aus Blüh- und Wildstrauchhecken gewählt. Diese Art von Hecke ist ausgesprochen pflegeleicht, erfreut das Auge mit Blüten und Früchten und bietet Tieren Nahrung und Lebensraum. Sie leistet damit einen wichtigen Beitrag zum ökologischen Gleichgewicht im Garten. Beachten sollte man bei der Bepflanzung jedoch, dass in den Reizzonen Strahlensucher wie zum Beispiel Haselnuss *(Corylus avellana)*, Holunder *(Sambucus nigra)*, Sanddorn *(Hippophae rhamnoides)* oder Schlehdorn *(Prunus spinosa)* sowie Spindelstrauch *(Euonymus europaeus)* verwendet werden.

Ein kleines Staudenbeet entlang dem Zaun im Süd-Westbereich des Gartens ist für Schnittblumen vorgesehen.

Traditionell und nostalgisch

Bauerngärten zeichnen sich unabhängig vom jeweiligen Zeitgeist, der immer wieder die unterschiedlichsten Gartenformen hervorbrachte, durch eine Jahrhunderte währende Beständigkeit aus. Noch immer umgibt ein Zaun den klassischen Bauerngarten, der durch einen Weg in zwei, oder ein Wegekreuz mit einem Rondell in der Mitte in vier rechteckige Beete unterteilt wird. Die Beete sind häufig mit Holzbrettern, manchmal auch mit Buchs eingefasst. Ein echter Bauerngarten vereint auch heute noch Nutzpflanzen wie Gemüse und Kräuter, Beerensträucher oder Schnittblumen in einer harmonischen, gärtnerisch sinnvollen und lebendigen Gemeinschaft.

Spezielle Wünsche

Der nur 15 m breite und 40 m lange, rechteckige Garten grenzt mit seiner Schmalseite an einen breiten Gehsteig. Hier sollte auch das Haus als Abschirmung des Gartens zur Straße stehen. Die gartenseitig anschließende Terrasse sollte vor allem den Blick auf einen prachtvollen, klassischen Bauerngarten gewähren – nicht nur eine nostalgische Erinnerung an die Kindheit der Hausfrau, die auf einem Bauernhof aufgewachsen ist, sondern auch als nahezu unerschöpfliche Quelle für die gesunde Küche. Neben einigen Obstbäumen sollte der eher kleine Garten einige Staudenbeete, eine Blumenwiese und einen Kompostplatz beherbergen.

Die radiästhetische Ausgangslage

Das schmale Grundstück wird an der Grenze zum Gehsteig von einer schmalen (1,5 m), in der Mitte von einer etwas breiteren (2,5 m) und am südwestlichen Ende von einer etwa 3 m breiten Wasserader gequert. Alle drei Adern sind linksdrehend und daher als abladende, Energie abziehende Reizzonen einzustufen.

Mutungsergebnis »Traditionell und nostalgisch«

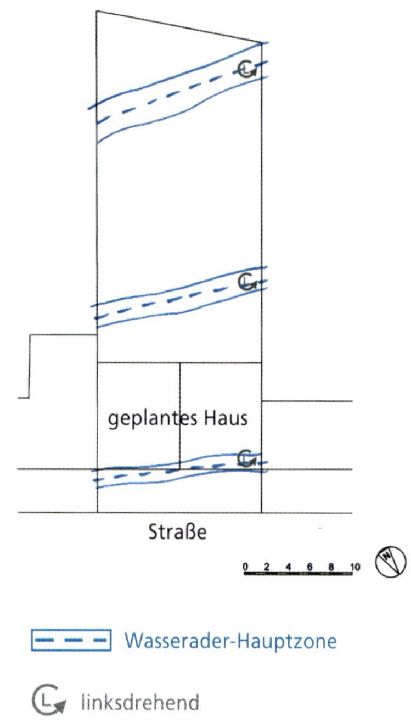

Der Gestaltungsvorschlag

Das mit etwa 120 m² Grundfläche geplante Haus bietet genügend Platz für ein junges Ehepaar. Die erste querende schmale Wasserader streift das Haus nur im Eingangsbereich und sollte kein Problem für die Planung der Einrichtung darstellen. Auch die gartenseitige, nach Süd-West

Gestaltung »Traditionell und nostalgisch«

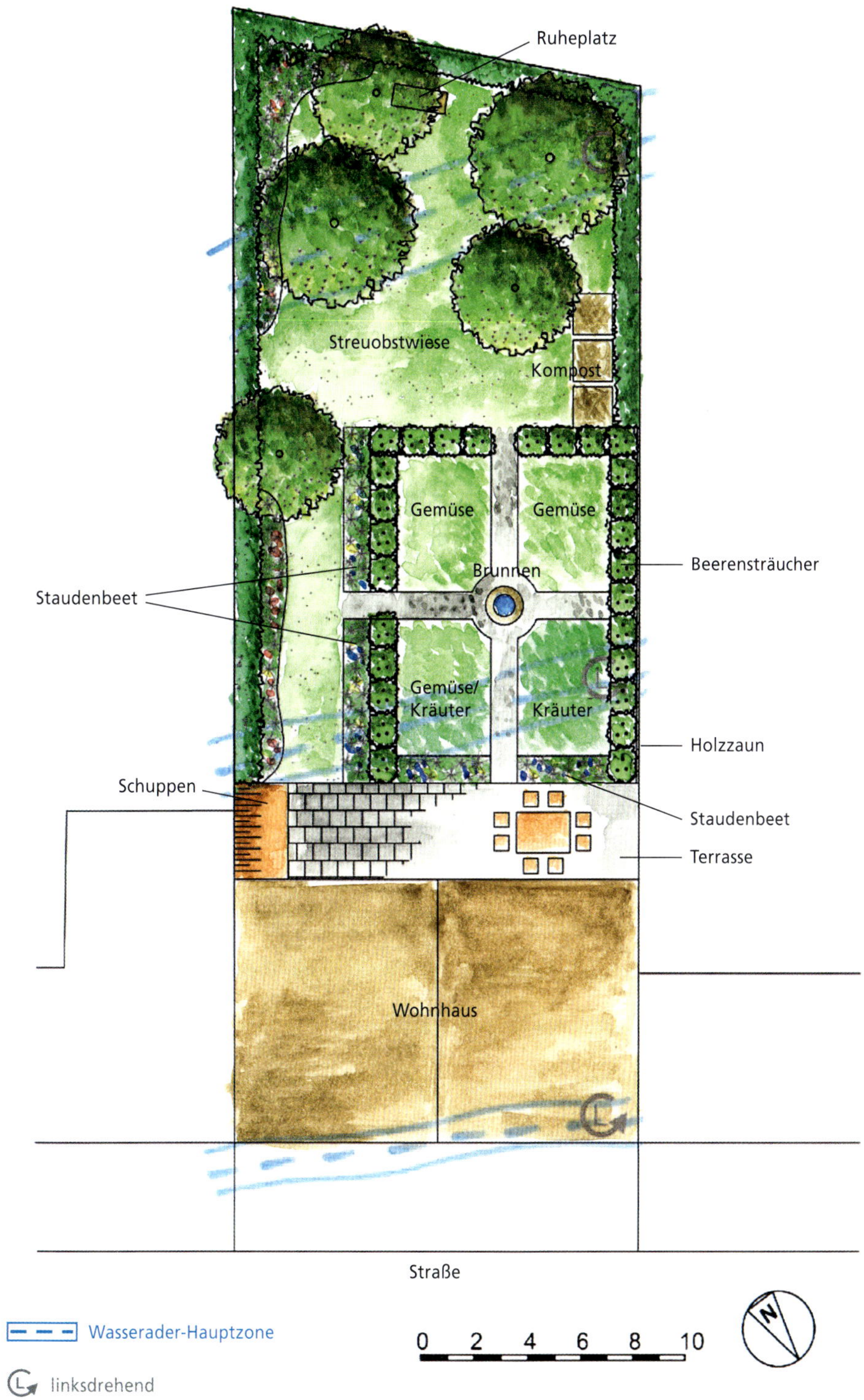

ausgerichtete Terrasse wird nur knapp am südöstlichen Ende gestreift, was für den dort geplanten kleinen Schuppen für Gartengeräte unproblematisch ist.
Der Rest der Terrasse liegt auf einer neutralen Zone und gewährt auch aus diesem Grund einen ungestörten, schönen Blick auf den direkt davor liegenden Bauerngarten. Durch ein an die Terrasse anschließendes buntes Staudenbeet gelangt man über einen mit Hackgut bedeckten Weg zu einem Rondell mit Brunnen in der Mitte des Wegekreuzes. Die vier rechteckigen, mit Holzläden eingefassten Beete sind klassisch mit Gemüse, Kräutern und Schnittblumen bepflanzt.
Als Alternative könnte man auch statt des Brunnens einen kleinkronigen Zierobstbaum oder ein Blumenbeet pflanzen. Optisch ansprechender, jedoch kosten- und arbeitsaufwändiger ist eine Beeteinfassung aus niederem, geschnittenem Buchs *(Buxus sempervirens)*.
Typisch für Bauerngärten ist auch die optisch ansprechende Abwechslung von Nutzpflanzen und traditionellen Zierpflanzen wie Sonnenblumen, Pfingstrosen, Dahlien, Mohn, Ringelblumen, Kressearten und vielen anderen bunten Blühern.

Strahlensucher und Strahlenflüchter

Kräuter als Strahlensucher sollten jedoch im Bereich der querenden Reizzone vorgesehen werden. Das Gemüse als Strahlenflüchter findet in den benachbarten neutralen Zonen gute Wachstumsbedingungen vor. Eingefasst wird der Bauerngarten von verschiedensten Beerensträuchern, wobei in den Reizzonen möglichst weniger strahlenempfindliche Pflanzen (Brombeere *Rubus fruticosus,* Wacholder *Juniperus* spp., Wildrose *Rosa* spp. u. a.) verwendet werden sollten.
Folgt man dem Weg weiter, gelangt man über eine zweimähdige Blumenwiese auf einem (öfter gemähten) Rasenweg zum angrenzenden, gerade für die naturnahe Bewirtschaftung eines Bauerngartens unerlässlichen, großzügigen Kompostplatz und zu einem schattigen, neutralen Ruheplatz unter vier Obstbäumen. Zwei Kernobstbäume (Apfel *Malus* und Birne *Pyrus)* sollten ihren Standort im neutralen Bereich beiderseits der hier querenden Wasserader finden. Zwei Steinobstbäume (Kirsche *Prunus avium* und Zwetschke *Prunus domestica)* sind in dieser Beziehung unempfindlicher und können auf der Reizzone gepflanzt werden. Südöstlich der Bäume und der Einfassungshecke ist noch Platz für ein Beet mit Halbschatten und Schatten suchenden Stauden.

Ein nostalgischer Sitzplatz lädt zum Träumen ein.

Nutzen und Zierde vereint

An der Südecke des Bauerngartens grenzt ein kleinwüchsiger Zierbaum den natürlichen hinteren Gartenteil vom kleinen, länglichen Ziergartenteil mit zwei Staudenbeeten für sonnenliebende Pflanzen und einem gepflegten Rasen ab.
Das Grundstück wird zu den Nachbargärten großteils durch eine mannshohe, geschnittene Laubholzhecke wie zum Beispiel Hainbuche *(Carpinus betulus)*, Liguster *(Ligustrum vulgare)*, im Bereich der Reizzonen vorzugsweise mit Ahorn *(Acer* spp.) begrenzt. An der Grenze des Bauerngartens nach außen wären höhere Beerensträucher vorteilhaft.

Traditionellerweise wachsen Nutz- und Zierpflanzen gemeinsam.

Der klassische Bauerngarten

Der klassische, traditionelle Bauerngarten leitet seine Struktur von den mit Mauern umgebenen *(Hortus conclusus)* mittelalterlichen Klostergärten ab. Ein Wegekreuz mit einem Rondell mit Brunnen teilt den Garten meist in vier Pflanzbeete. Die Einfassung dieser Beete erfolgte mit niedrigen Buchshecken oder Holzbrettern. Es wurde hier alles angebaut, was das Kloster in Küche und Kirche benötigte.
Ein regional typischer Holzzaun ersetzt beim Bauerngarten die Klostermauer und schützt die meist abseits vom Hof liegende Kulturfläche, die eine vielfältige, gesunde Ernte von Gemüse, Kräutern, Heilpflanzen und Beerenobst liefert.

Manager, Künstler und ein Ehepaar im Ruhestand – drei Lebensweisen, wie sie verschiedener nicht sein können, und doch haben diese Gärten besondere Kraftorte und Kraftquellen für ihre Besitzer gemeinsam, die entsprechend gestaltet wurden.

Kraftplätze für alle

Jeder Lebensabschnitt stellt besondere Ansprüche an die Gartennutzung. Mit zunehmendem Alter werden bei der Gartenarbeit erfahrungsgemäß die Bedürfnisse nach erhöhter Sicherheit, mehr Bequemlichkeit und Pflegeleichtigkeit immer wichtiger. Kürzlich erfolgte Umfragen in Österreich und Deutschland haben ergeben, dass ältere Menschen ihren weiteren Lebensabend möglichst in ihrem gewohnten Umfeld verbringen wollen.

Kraft und Ruhe

Vor allem ältere Gartenbesitzer können es sich mit zunehmendem Alter immer weniger vorstellen, ihr Leben ohne ihren geliebten Garten zu genießen. Gleichzeitig jedoch mussten gerade diese Menschen bekennen, dass ihnen die Gartenarbeit zunehmend Probleme und körperliche Beschwerden bereitet. Es wurde hier offensichtlich verabsäumt, die Gestaltung des Gartens an die geänderten Bedürfnisse und Möglichkeiten der älter werdenden Nutzer anzupassen. Wie eine solche Anpassung im Einklang mit den radiästhetischen Gegebenheiten eines ausgewählten Grundstückes aussehen kann, soll an diesem Planungsbeispiel gezeigt werden.

Spezielle Wünsche

Ein älteres Ehepaar wünscht einen pflegeleichten, optisch ansprechenden Garten, umgeben von einer zumindest im Sommer blickdichten Bepflanzung. Zur gärtnerischen Ausstattung des Gartens sollten Gemüse- und Kräuterbeete, einige Obstbäume sowie ein Rosenbeet gehören, zur baulichen ein Schwimmbad und eine schattige Terrasse.

Staudenbeete sind wenig arbeitsintensiv.

Mutungsergebnis »Kraft und Ruhe«

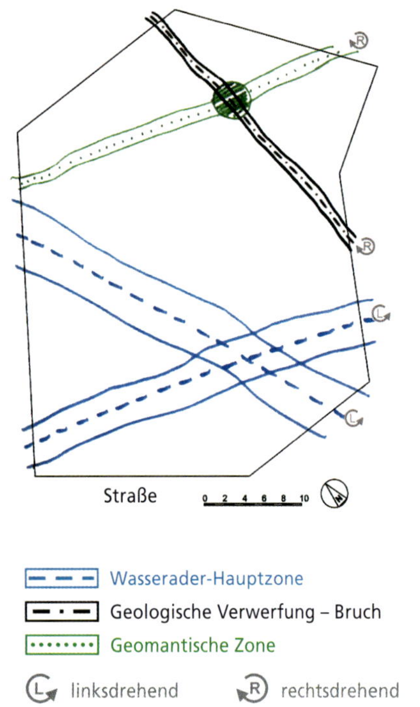

Die radiästhetische Ausgangslage

Das ungefähr 1.200 m² große Grundstück ist aus radiästhetischer Sicht sehr interessant. Im südlichen Bereich kreuzen sich zwei breite, linksdrehende und damit abladende Wasseradern. Im nördlichen Teil findet man eine in Ost-West-Richtung verlaufende, rechtsdrehende, stark aufladende geomantische Zone, die eine in Nord-Süd-Richtung verlaufende rechtsdrehende Hartmann-Doppelzone quert. Das Hartmanngitternetz, benannt nach seinem Entdecker Dr. E. Hartmann, überzieht den Erdball orthogonal (rechtwinkelig) von Nord nach Süd und Ost nach West. Der Kreuzungsbereich dieser Zonen bietet durch seine stark aufladende Wirkung die Möglichkeit zur Einrichtung eines Kraftplatzes, was in der Planung unbedingt berücksichtigt werden sollte.

Der Gestaltungsvorschlag

Die Straße an der Süd-West-Grenze des Grundstückes lässt hier die Planung des Hauses mit Garage und Schuppen sinnvoll erscheinen. Das Haus ist damit für unser älteres Ehepaar leicht erreichbar und der Garten wird dadurch vom Straßenlärm weitgehend abgeschirmt.
Da das Haus jedoch von einer Wasserader gequert wird, sollten keine Einrichtungsgegenstände für eine längere Aufenthaltsdauer wie Betten, Sitzgarnitur, Ess- oder Schreibtisch im Bereich dieser Reizzone eingeplant werden. Für die genannten Wohnbereiche ist in den neutralen Zonen des Hauses noch genügend Platz. Für die Nebengebäude wie Garage und Schuppen stellt die Wasserader kein Problem dar, da man sich hier nicht lange aufhält.

Hochbeet

Hochbeete sollen etwa 80 cm hoch und maximal 120 cm breit sein. Sie können aus Holzbrettern (möglichst verwitterungsfeste Lärche), Ziegel (gemauert) oder Stein (z. B. Trockensteinmauer) gebaut werden. Am Boden sollte ein feinmaschiges Hasengitter gegen Wühlmäuse eingelegt werden. Gefüllt wird von unten nach oben mit Schnitt- oder Häckselgut, Grobkompost, Gartenerde und Feinkompost. Für trockenheitsliebende Kräuter empfiehlt sich die Beimischung von Quarzsand (bis zu einem Drittel der Substratmenge).

Gestaltung »Kraft und Ruhe«

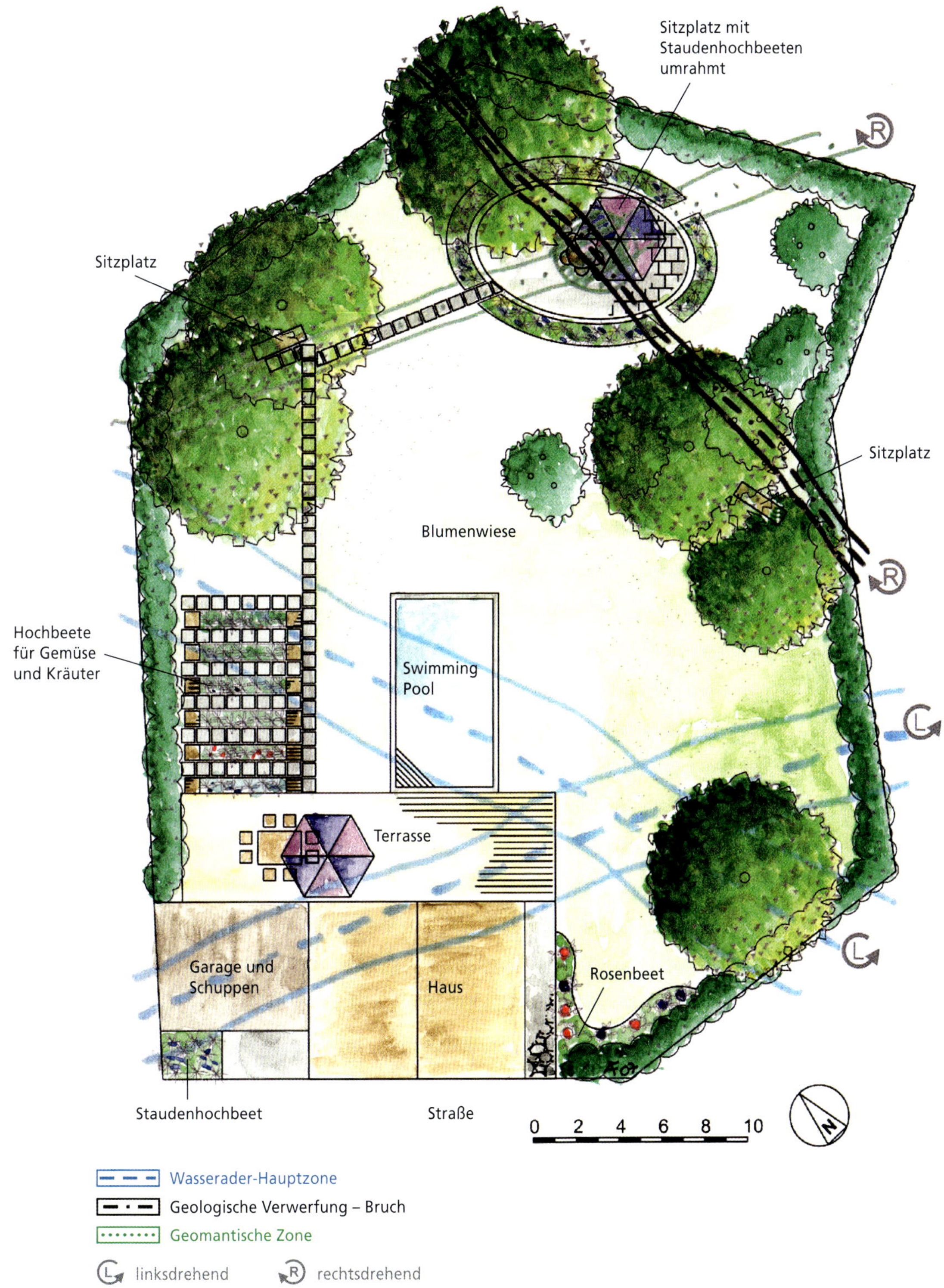

Der Kreuzungsbereich der Wasseradern im Süd-Ost-Teil der Terrasse erfordert die Platzierung der Gartengarnitur für ein angenehmes längeres Verweilen in der neutralen nordwestlichen Terrassenhälfte. Im abladenden Bereich der Wasserader könnten strahlenverträgliche (keine ausgewiesenen Strahlenflüchter!) Kübelpflanzen wie zum Beispiel Buchs *(Buxus)* oder Oleander *(Nerium oleander)* mit einem bequemen Sitzplatz für kurzfristige Entspannung und Stressabbau kombiniert werden.
Gleich anschließend an die Terrasse, nicht weit von der Küche, wären einige schmale, seniorenfreundliche Hochbeete empfehlenswert. Sie sind leicht und ohne Bücken zu pflegen und bieten gute Sicherheit vor Schneckenfraß. Da auch die Hochbeete von der Wasserader gequert werden, sollten die Gemüsepflanzen als Strahlenflüchter im neutralen Bereich und die strahlensuchenden Küchen- und Heilkräuter im Reizzonenbereich kultiviert werden.

Pflegeleichte Hochbeete sind besonders seniorenfreundlich.

In der Tiefe des Gartens

Die gewünschten Kernobstbäume (Apfel *Malus* und Birnen *Pyrus,* und auch eine schon selten gewordene Quitte *Cydonia)* finden in den neutralen Bereichen im Norden des Gartens, bzw. ein strahlungsresistenter Steinobstbaum (z. B. Weichselbaum *Prunus cerasus)* über der Wasserader im Süden des Gartens einen geeigneten Standort. Niedrige Baumformen (z. B. Halbstamm) sind in einem seniorengerechten Garten unbedingt vorzuziehen, da sie die Unfallgefahr bei Baumschnitt und Ernte vermindern. Deshalb wurden auch für die empfohlene Hecke um das Grundstück vorzugsweise pflegeleichtere heimische Blütensträucher gewählt. Im Bereich der Strahlungszonen wären strahlenresistente Sträucher (z. B. Ginster *Genista* spp., Sanddorn *Hippophae rhamnoides,* Schlehdorn *Prunus spinosa,* Spindelstrauch *Euonymus* spp., Weißdorn *Crataegus* spp., Wildrosen *Rosa* spp. u. a.) vorzuziehen.

Eine Blumenwiese mit Rasenwegen zu den einzelnen Garteneinrichtungen ist nicht nur schön und umweltfreundlich, sondern durch den geringeren Pflegeaufwand auch seniorengerecht.
Der gewünschte Pool oder Schwimmteich findet im Bereich der Wasseradern gleich anschließend an die Terrasse einen geeigneten Platz.

Ein Ort zum Krafttanken

Die eher seltene Gelegenheit einer Kreuzung von zwei aufladenden Strahlungszonen sollte man unbedingt mit einem Sitzplatz zum Krafttanken nutzen. Die umgebenden Staudenhochbeete schaffen ein besonderes Raumerlebnis. Verbunden mit einer violetten Bepflanzung, einem Quarz- oder Kiesbelag, sowie gezielten Steinsetzungen durch einen Radiästheten könnte man diesen Ort zu einem wahren Kraftplatz zum bewussten Auftanken von körperlichen und geistigen Energien machen. Man sollte sich hier allerdings nur so lange aufhalten, als man sich wohlfühlt. Ein zu langer Aufenthalt würde mit einer Überdosierung der Energien ungewünschte Reaktionen hervorrufen.
Nachdem ein seniorengerechter Garten mit zahlreichen bequemen, sonnigen und schattigen Sitzmöglichkeiten ausgestattet sein sollte, wären auch diese in der Planung vorzusehen. Ein schöner schattiger Sitzplatz mit Blick auf das Haus und den Pool unter den zwei größeren Laubbäumen in der neutralen Zone (Es gibt eine große Auswahlmöglichkeit unter den Strahlenflüchtern.) am Süd-Ost-Rand des Gartens und eine Bank zwischen den Kernobstbäumen, je nach aktuellem Bedarf innerhalb oder außerhalb der geomantischen Zone aufgestellt, sind daher eingeplant.
Letztendlich hat sich auch für das gewünschte Rosenbeet im Süden des Gartens nahe der Hausmauer ein geschützter, sonniger Platz gefunden.

Kraft und Begegnung

Dass Gärten sich sehr förderlich auf die zwischenmenschliche Kommunikation in Politik und Wirtschaft auswirken können, weiß man bereits seit langer Zeit. Geheime Treffen in verschwiegenen Boskettnischen eines Barockgartens oder lange gemeinsame Spaziergänge durch einen englischen Landschaftsgarten haben sicherlich den Lauf der Geschichte unserer vergangenen Jahrhunderte beeinflusst.
Als aktuelles Beispiel für die gezielte Nutzung der positiven Einflüsse von Pflanzen und Gärten in der Geschäftswelt kann die deutlich zunehmende gärtnerische Ausgestaltung von Büroräumen bis hin zur Einrichtung großzügiger Wintergärten als Erholungs- und Kommunikationsbereiche in Geschäftszentralen genannt werden.

Spezielle Wünsche

Ein erfolgreicher Geschäftsmann hat die günstigen Einflüsse eines gärtnerisch gestalteten Umfeldes auf seine Gespräche und Verhandlungen mit Mitarbeitern und Geschäftspartnern kennen und nutzen gelernt. Er will diese positiven Erfahrungen künftig auch auf Einladungen für Freunde und Geschäftspartner in seinem privaten Garten ausdehnen. Als ganz besonders interessant für sein Vorhaben erwies sich dabei ein anlässlich einer radiästhetischen Untersuchung seines Grundstückes entdeckter Kraftplatz im Gartenbereich. Es war daher der Wunsch naheliegend, neben einem Essplatz auf der Terrasse und einem gemütlichen Sitzplatz inmitten von Pflanzen, auch einen »Arbeitsplatz« für konzentrierte Gespräche über dieser Kraftzone einzurichten. Im Übrigen sollte der Garten aufgrund der geringen Freizeit möglichst wenig Arbeitsaufwand erfordern.

Auch bei der Hecke muss auf Reizzonen geachtet werden.

Mutungsergebnis »Kraft und Begegnung«

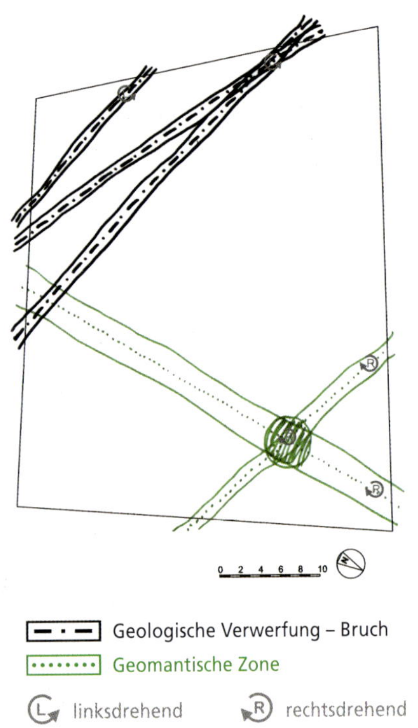

Die radiästhetische Ausgangslage

Aus radiästhetischer Sicht ist dieses Grundstück außergewöhnlich und interessant. Es wurden nämlich zwei geomantische Zonen gemutet, die sich innerhalb des Grundstückes im Gartenbereich kreuzen. Eine schmälere, ca. 1,5 m breite Zone verläuft annähernd von Ost nach West, eine etwa doppelt so breite Zone von Nord nach Süd. Beide Zonen sind rechtsdrehend und damit Energie aufladend.

Über der Kreuzung der beiden Zonen nordwestlich des Hauses findet man einen Kraftplatz. Seine besonders stark aufladende Energie für geistige und körperliche Erholung oder besonders hohe Konzentrationsfähigkeit sollte jedoch ausschließlich gezielt und befristet genutzt werden. Zu lange Aufenthalte könnten negative psychische und physische Auswirkungen hervorrufen.
Im hinteren, südwestlichen Teil des Gartens queren drei schmale, ca. 1,5 m breite Verwerfungszonen. Sie sind linksdrehend und Energie abziehend.
Das Haus steht günstig auf einem neutralen Platz.

Der Gestaltungsvorschlag

Das bereits bestehende Haus liegt mit der Garage an der Straße. Der Wohnbereich öffnet sich nach Süd-West. Ihm ist eine ca. 4 m breite Terrasse vorgelagert, die im nordwestlichen Teil von einer der aufladenden geomantischen Zonen gequert wird. Der Sitzplatz für längere Aufenthalte muss daher unbedingt im südwestlich gelegenen, neutralen Bereich der Terrasse eingerichtet werden. Eine interessante und nützliche Gestaltungsidee wäre die Sichtbarmachung des Verlaufes der geomantischen Zone im Terrassenbereich durch eine geänderte Bodengestaltung wie zum Beispiel andersfarbige Fliesen.
An die Terrasse schließt ein schmales Kräuterbeet an, das im südwestlichen Teil sowohl über der geomantischen Zone als auch einer der Verwerfungszonen liegt. In diesen Reizbereichen sollten unbedingt Küchen- oder Heilkräuter angebaut werden. Als Strahlensucher wachsen sie hier besser und sind reicher an Inhalts- und Geschmacksstoffen. Im neutralen Teil des Beetes kann auch Gemüse angepflanzt werden.
Nordwestlich des Hauses und im nördlichen Eckbereich des Gartens sind pflegeleichte Staudenbeete geplant, die zur Ergänzung der Wirksamkeit des naheliegenden Kraftplatzes möglichst überwiegend in violetter Farbe gehalten werden sollten.

Gestaltung »Kraft und Begegnung«

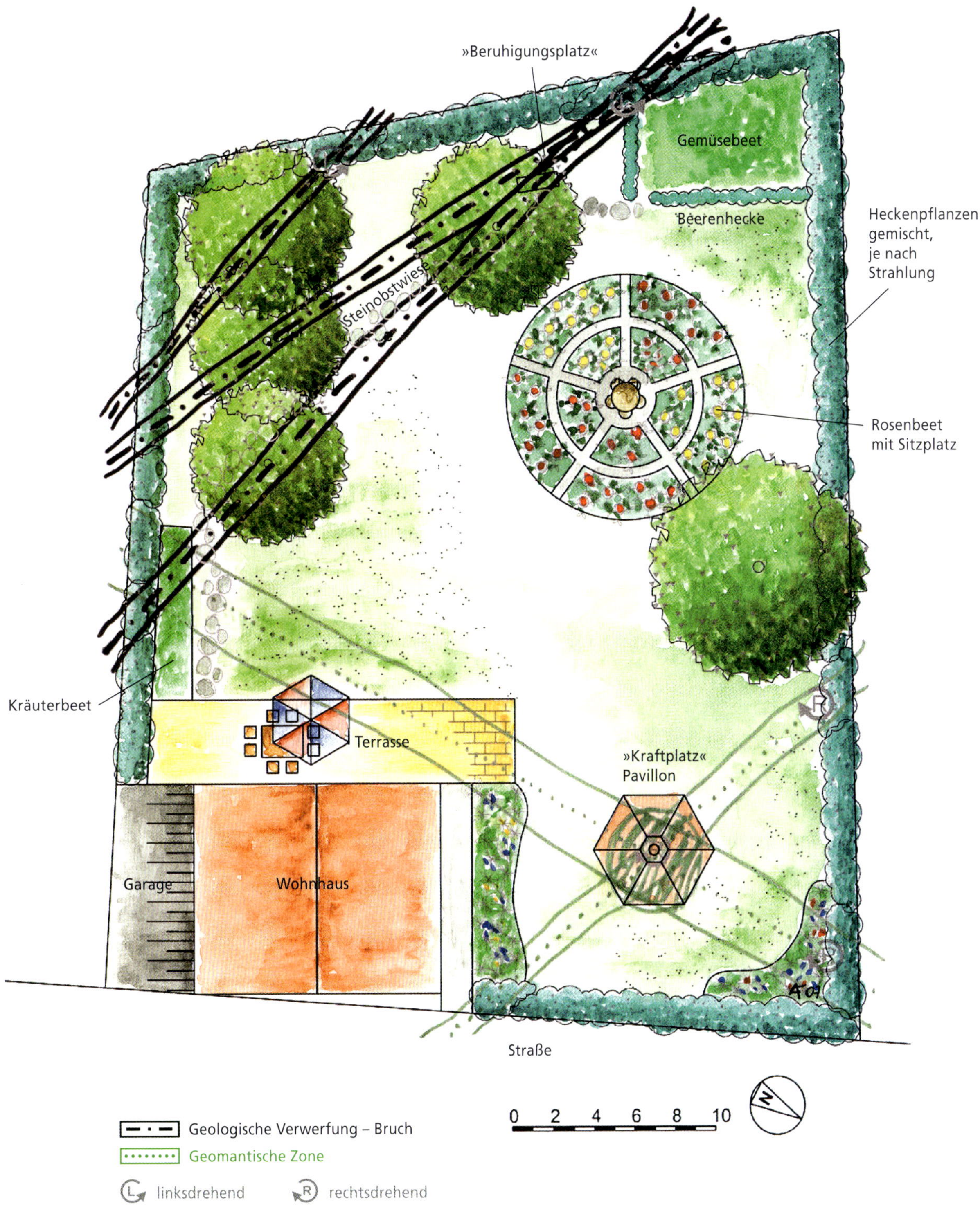

Violett für den Kraftplatz

Violett ist die passende Farbe für den Kraftplatz und verstärkt und vertieft dessen Wirkung. Staudengattungen mit violettblühenden Arten oder Sorten sind z. B.:

- Bartfaden *(Penstemon)*
- Eisenkraut *(Verbena)*
- Flammenblume *(Phlox)*
- Glockenblume *(Campanula)*
- Immergrün *(Vinca)*
- Katzenminze *(Nepeta)*
- Lavendel *(Lavendula)*
- Lobelie *(Lobelia)*
- Malve *(Malva)*
- Prachtscharte *(Liatris)*
- Prachtspiere *(Astilbe)*
- Salbei *(Salvia)*
- Schlüsselblume *(Primula)*
- Schwertlilie *(Iris)*
- Storchschnabel *(Geranium)*
- Sternblume *(Aster)*
- Weiderich *(Lythrum)*
- Zierlauch *(Allium)*

Die violette Farbe gibt dem Kraftplatz die richtige Ausstrahlung.

Den Kraftplatz verstärken

Über dem Kraftplatz steht ein sechseckiger Pavillon mit einer runden Sitzgruppe. Der Bodenbelag sollte hier möglichst aus Granitsteinen mit hohem Quarzgehalt bestehen, da Quarz erfahrungsgemäß energieverstärkend wirkt.

Hier ist ein idealer Ort für schnelles Krafttanken, für konzentrierte, kreative Arbeit, geschäftliche Gespräche oder auch für eine intensive Bridgerunde.

Im mittleren, sonnigen Teil des Gartens ist eine pflegeleichte Blumenwiese geplant. Rasenwege führen von der Terrasse zum Pavillon und vorbei an einem großen Laubbaum zu einem Rosenrondeau. Der runde, sonnige Sitzplatz im Zentrum von konzentrisch angeordneten Rosenbeeten ist nicht nur während der Rosenblüte eine Attraktion für Gäste.

Im westlichen Eckbereich des Gartens befindet sich ein von Beerensträuchern umrandetes Gemüsebeet.

Beruhigender Ausgleich

Der südliche, durch die drei Verwerfungszonen belastete Gartenteil ist mit einigen strahlungsunempfindlicheren Steinobstbäumen (Ringlotten und Pflaumen, *Prunus* spp.) bepflanzt. Unter einem der Steinobstbäume, im Kreuzungsbereich der abladenden Verwerfungszonen, könnte ein »Beruhigungssitzplatz« eingerichtet werden. Falls man von den Kraftzonen zu sehr aufgeladen wurde oder nach einem hektischen Arbeitstag, kann man sich hier mit einem schönen Ausblick auf das Rosenbeet und die Blumenwiese schnell wieder entladen und erholen. Für die pflanzliche Umzäunung des Gartens wurden pflegeleichte Blühsträucher gewählt. An den zehn Reizzonenquerungen sollten strahlungstolerante Sträucher wie zum Beispiel Ginster *(Genista* spp.), Haselnuss *(Corylus avellana),* Sanddorn *(Hippophae rhamnoides),* Schlehdorn *(Prunus spinosa),* Weißdorn *(Crataegus* spp.) oder Spindelstrauch *(Euonymus* spp.) gepflanzt werden.

Kraft und Kunst

Gärten wurden seit jeher sowohl durch Kunstwerke bereichert, als auch als idealer Rahmen für Kunstwerke aller Art genutzt. Seit der Renaissance hat die Kunst einen festen Platz in der Gartenarchitektur. Bis in das 19. Jahrhundert gehörten vor allem kunstvolle Steinskulpturen zur künstlerischen Ausgestaltung aller bedeutenden Gartenanlagen. Heute ist das Spektrum der künstlerischen Ausstattung von Gärten und der dazu verwendeten Materialien sehr weit gefasst. Sie reicht von Werken bedeutender Künstler bis zur kreativen Verwirklichung künstlerischer Ideen privater Gartenbesitzer.

Spezielle Wünsche

Ein Bildhauer mit Stadtatelier genießt sein kürzlich erworbenes Wochenenddomizil sowohl als Stätte der Erholung als auch als Ort künstlerischer Inspiration. Darüber hinaus möchte er auch in seiner Freizeit nicht auf einige seiner aktuellen Lieblingswerke verzichten und diese in seinem Garten harmonisch und wirkungsvoll integrieren.

Kreative Gestaltung mit Steinen gibt den richtigen Rahmen.

Mutungsergebnis »Kraft und Kunst«

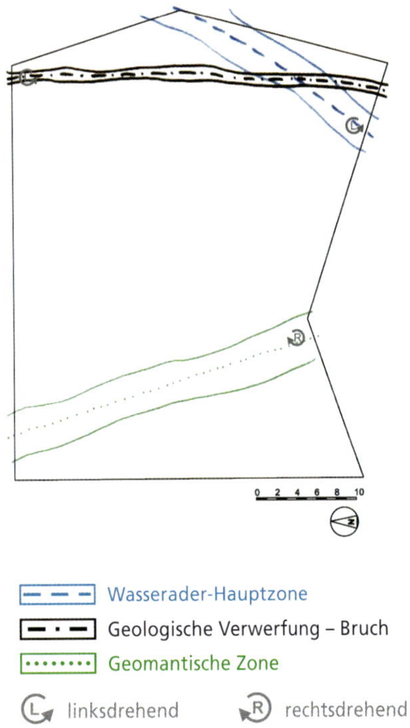

Die radiästhetische Ausgangslage

Als feinfühliger Mensch fand der Künstler sehr bald heraus, dass seine Stimmungslage und vor allem seine Kreativität deutlich von den jeweiligen Aufenthaltsorten im Garten beeinflusst wurden. Das Ergebnis einer radiästhetischen Untersuchung des Grundstückes bestätigte seine intuitiven Empfindungen insofern, als tatsächlich drei unterschiedliche Reizzonen gemutet wurden.

Im westlichen Bereich, zwischen Straße und Haus, wird das Grundstück von einer etwa 4 m breiten geomantischen Zone durchquert. Sie ist rechtsdrehend und damit stark Energie aufladend.

Im hinteren, östlichen Teil des Gartens verläuft eine schmale, linksdrehende Verwerfungszone quer durch das ganze Grundstück. Sie wird in schrägem Winkel von einer 3,5 m breiten, ebenfalls linksdrehenden Wasserader gekreuzt. Beide Zonen sind Energie abladend, in ihrem Kreuzungsbereich sogar mit starker Intensität wirksam.

Der Gestaltungsvorschlag

Das Haus, die Terrasse und der Swimmingpool waren vor dem Kauf bereits vorhanden und wurden ebenso wie die bunten, von großem gärtnerischem Geschick des Vorbesitzers zeugenden prachtvollen Staudenbeete sowie eine imposante Trauerweide *(Salix)* am Rand des Swimmingpools in den gegenständlichen Gestaltungsvorschlag einbezogen.

Galerie im Garten

Im gesamten Gartenbereich wurden an jenen Stellen, die entweder von der Terrasse, vom Haus oder auch von der Straße gut überblickbar sind, quadratische Kiesflächen mit Seitenlängen von 2 m in den Rasen eingelassen. Hier sollen Kunstwerke des Künstlers zur Aufstellung gelangen und dessen Garten zu einem Ausstellungsraum mit malerischem Pflanzenumfeld mutieren lassen.

Im großen Vorgartenbereich zwischen Haus, Terrasse, Swimmingpool und Straße wurden nördlich des Zugangsweges zwei solcher Aufstellungsplätze in der Rasenfläche vorgesehen. Bereits nach dem Eintritt in den Garten kann man vom Eingangsweg aus zwei

Gestaltung »Kraft und Kunst«

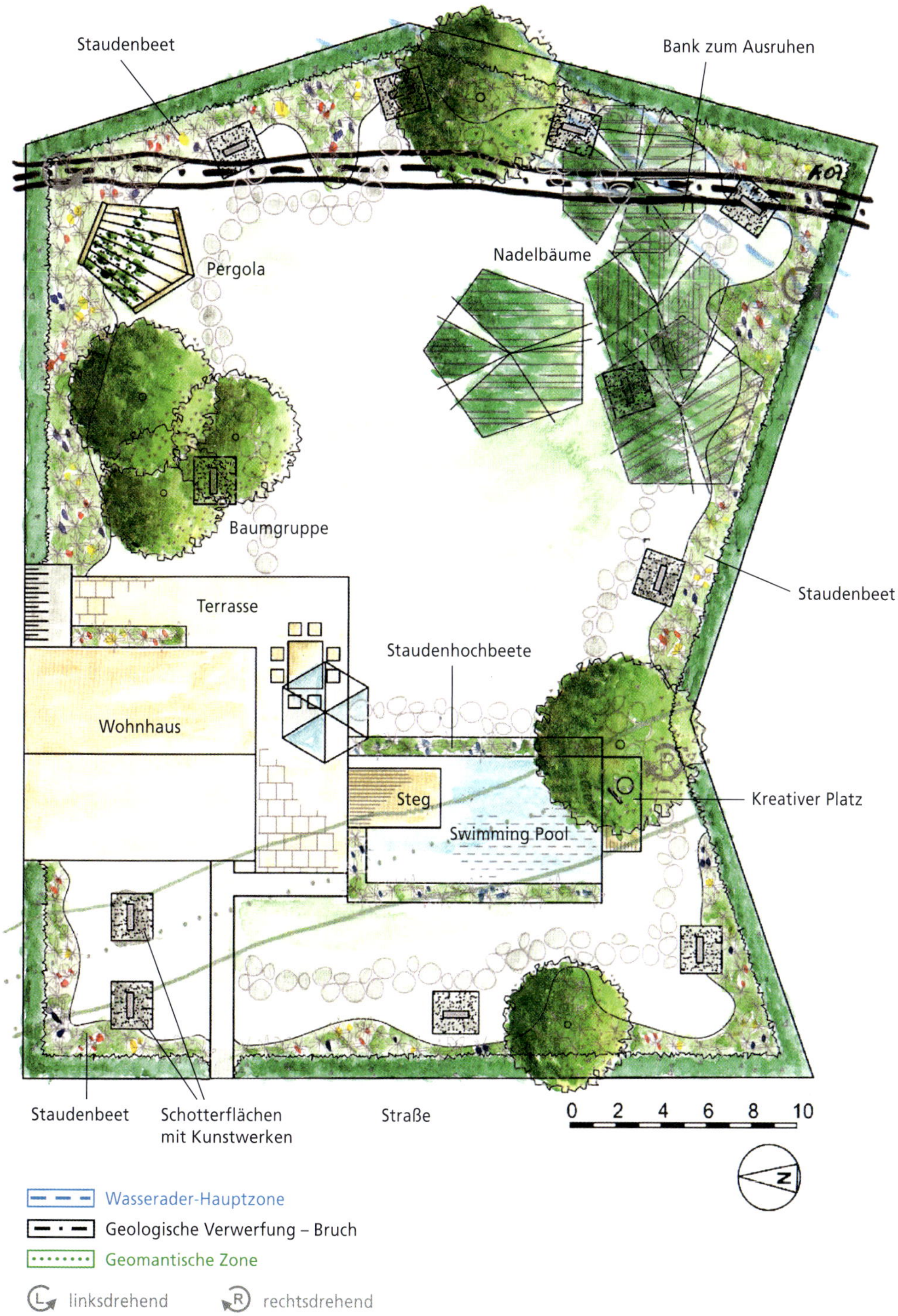

Kunstwerke vor dem farblichen Hintergrund der Staudenbeete auf sich wirken lassen. Da beide Kunstwerke hier im Strahlungsbereich der energiereichen geomantischen Zone stehen, können sie deren Wirksamkeit verstärken und den Beobachter sogar mit einer besonderen künstlerischen Strahlkraft beeindrucken.
Auf der anderen Seite des Zugangsweges, im südlichen Vorgartenteil, sind ebenfalls zwei Standplätze für Kunstwerke als Visitenkarte des Hausherrn für Passanten vorgesehen.

Kreativ am Wasser

Die geomantische Zone beeinflusst den Wohnbereich des Hauses günstigerweise nicht und streift auch die Terrasse nur im Eckbereich. Sie verläuft weiter vorbei am Rand des Steges durch den Swimmingpool zur Grundgrenze. Die große Trauerweide *(Salix)* hat ihren Standort am Rand dieser Zone und findet als Strahlensucher hier offensichtlich gute Wachstumsbedingungen vor. Aus diesem Grunde wurde auch von einer Fällung dieses schönen Baumes trotz seines Verschmutzungspotentials für den Pool abgesehen.
Unter ihrer schattenspendenden Krone, am Rand des Pools und in der Mitte der Reizzone sollte unbedingt ein kreativer Sitzplatz für den Künstler eingerichtet werden. Dieser Platz eignet sich hervorragend für künstlerische Inspiration, konzentrierte Arbeit und zum generellen Auftanken von Energie. Allerdings sollte man hier unbedingt eine Überdosierung der Energieaufnahme vermeiden und rechtzeitig zu einem anderen Aufenthaltsort wechseln.

Die blauen Blüten der Kugeldistel *(Echinops)* wirken wie eine Skulptur.

Entspannung auf der Terrasse

Die Terrasse liegt dagegen in einer neutralen Zone und lädt zum uneingeschränkten Verweilen und Beobachten der weiteren sieben Kunstwerke im Randbereich des hinteren Gartenteiles ein. Rund um eine zentrale, offene Rasenfläche befinden sich Staudenbeete mit Sonnen- und Schattenbepflanzungen sowie eine Birkengruppe im nördlichen und eine Kieferngruppe im südlichen Randbereich.

Über der Wasserader an der südöstlichen Grundstücksgrenze finden ein Ahorn und eine Lärche strahlungsbedingt gute Wachstumsbedingungen vor.

Den Kreuzungsbereich von Wasserader und Verwerfung könnte man sehr gut mit einer Sitzbank zum bewussten Entspannen – vielleicht nach einer Überdosis Kreativität? – nutzen.

Von der Pergola in der neutralen Zone des hinteren Gartenteils kann man nicht nur den Anblick der Kunstwerke genießen, sie könnte auch als Arbeitsplatz für den Künstler dienen.

Die Standorte der Kunstwerke unter den Bäumen oder vor den Staudenbeeten sind bis in den Vorgarten mit Trittsteinen verbunden.

Radiästhetische Gestaltung kennt keine Einschränkungen bezüglich Gartenstil. Ob einfache Umgestaltung oder konsequente Gestaltung nach ästhetischen Prinzipien, ob modern oder asiatisch-exotisch, der Garten gewinnt auf alle Fälle.

Ästhetik und Funktion

Der häufigste Grund für die Kontaktaufnahme mit einem Radiästheten sind Probleme mit dem Schlafplatz. In diesem Fall ist es bereits hinlänglich bekannt, dass durch eine oft nur geringfügige Veränderung der Schlafposition immer wieder eine nachhaltige Verbesserung der Situation erreicht werden kann.

Kleine Veränderung – große Wirkung

Den radiästhetischen Gegebenheiten im Gartenbereich wird jedoch immer noch viel zu wenig Bedeutung beigemessen. Dabei könnte auch hier nach einer sorgfältigen radiästhetischen Untersuchung anhand eines Mutungsplanes so manche Verbesserung der Nutzungs- und Lebensbedingungen für Mensch und Pflanze erreicht werden. Nicht immer sind dazu große Veränderungen in der Gestaltung des Gartens notwendig.
Einige typische Beispiele für solche geringfügige und trotzdem wirksame Umgestaltungen sollen anhand des Mutungsergebnisses für einen bereits bestehenden Garten beschrieben werden.

Spezielle Wünsche

In das bestehende Ambiente sollte so wenig wie möglich eingegriffen werden, dennoch sollte aber die Nutzung an die geomantischen Gegebenheiten besser angepasst werden.

Auch bei alten Gärten macht eine Umgestaltung Sinn.

Das lang schmale Grundstück ist von einer hohen Mauer umgeben. Im Nord-Osten grenzt das Haus das Grundstück zur Gänze gegen die Straße ab. Der niedrigere, schmälere Flügel des L-förmigen Gebäudes im Nord-Westen reicht bis zur Hälfte des Gartens. Der Terrassenbereich erstreckt sich entlang der gesamten Front beider Gebäudeflügel. Aus gestalterischer Sicht naheliegend, befindet sich ein attraktiver Sitzplatz im windgeschützten Eckbereich der Terrasse und bietet einen schönen Blick auf das angrenzende schmale Beet mit einem sonnenliebenden Staudensortiment. Trotzdem wurde dieser Sitzplatz wenig genützt. Man hielt sich lieber am Sitzplatz unter der Pergola am Naturteich auf.
Gegenüber, im Schatten der Mauer, befindet sich ein längeres Beet für eine entsprechende Staudenbepflanzung. Anschließend an das Süd-West-Ende des Gebäudes und die Terrasse ist ein rechteckiges Gemüsebeet eingerichtet, in dem die verschieden Gemüsearten offensichtlich und unerklärlich unterschiedliche Wachstumsbedingungen vorfinden. Zwei hier prächtig gedeihende Kleinbäume, eine weiß blühende Sternmagnolie *(Magnolia loebneri* 'Merill') und ein Kugeltrompetenbaum *(Catalpa bignoides* 'Nana') im Rasenbereich bilden eine schöne optische Abgrenzung zum hinteren Teil des Gartens mit einem durch seine den unterschiedlichen Randzonen angepasste Bepflanzung sehr natürlich aussehenden Teich und einem Sitzplatz unter einer bewachsenen Holzpergola.
Im südlichen Eckbereich des Grundstückes bieten eine größere Buche *(Fagus)* und zwei Lindenbäume *(Tilia)* willkommenen Schatten und Befestigungsmöglichkeiten für eine Hängematte. Letztere erwies sich bei den Gartennutzern als besonders beliebt für ein kurzes, entspannendes Ausruhen.
Entlang der Einfassungsmauer sind verschiedenste Blühsträucher in bunter Abfolge gepflanzt. Die Mauer selbst ist zum einen Teil mit Rankgittern versehen und dort mit verschiedensten Kletterrosen oder Schlingpflanzenarten bewachsen und zum anderen Teil mit selbstklimmenden Kletterpflanzen begrünt.

Die radiästhetische Ausgangslage

Die radiästhetische Untersuchung von Haus und Garten ergab, dass drei bis zu 4 m breite Wasseradern nahezu parallel das Grundstück in Ost-West-Richtung durchlaufen. Die erste, breiteste Ader quert das Haus auch im Bereich der Schlafräume. Die dadurch verursachten Schlafbeschwerden waren auch der Grund für die Beauftragung des Radiästheten. Eine Verlegung der Schlafstellen wurde empfohlen um die bisherigen Schlafprobleme zufriedenstellend lösen zu können. Da

Am richtigen Platz kann alles besser gedeihen.

der Einflussbereich dieser gemuteten Wasserader auch den Sitzplatz auf der Terrasse trifft, erklärte sich auch die Erfahrung, dass gerade die eigentlich besten Plätze im geschützten Eckbereich mit Blick auf den Garten wegen ihrer Lage auf der abladenden, Energie abziehenden Reizzone weniger genutzt wurden. Die weitere Untersuchung des Grundstückes ergab, dass eine zweite Wasserader das Gemüsebeet quert und einen negativen Einfluss auf das Wachstum der als Strahlenflüchter geltenden Gemüsepflanzen und Teile der betroffenen Randbepflanzung haben kann. Zwischen dieser zweiten und der dritten Wasserader im hinteren Teil des Gartens gibt es einen großen neutralen Bereich, in dem die Magnolie und der Trompetenbaum als Strahlenflüchter gute Wachstumsbedingungen vorfinden. Die zwei Lindenbäume, die ihren Standort auf der dritten Wasserader haben, zeigen dagegen als Strahlenflüchter typische Wachstumsstörungen. Da die Hängematte genau im Verlauf der Wasserader angebracht war, konnte auch eine längere Nutzung nicht die gewünschte Erholung bringen.

Mutungsergebnis
»Kleine Veränderung – große Wirkung«

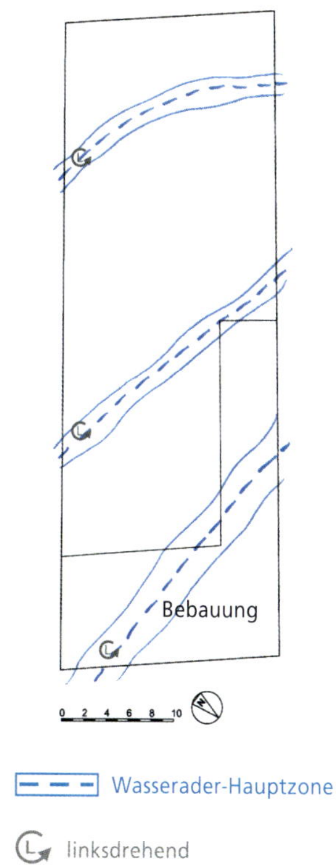

Der Gestaltungsvorschlag

Alle im Gartenbereich durch die nachgewiesenen Reizzonen verursachten Nutzungsbeeinträchtigungen konnten durch folgende einfache Umgestaltungen behoben werden. Der Sitzplatz auf der Terrasse wurde in die neutrale Zone verlegt, wo nun alle Sessel auch zu längeren Aufenthalten einladen. Das Gemüsebeet wurde so gedreht, dass ein größerer Teil ohne Strahlenbelastung nun gute Wachstumsbedingungen für alle Gemüsearten bietet. Der kleine Bereich über der Wasserader könnte für die großteils strahlungsunempfindlichen Kräuter genutzt werden.

Die Hängematte sollte künftig je nach Bedarf montiert werden. Für einen kurzen Stressabbau eignet sich die Position über der Wasserader hervorragend. Bei längerem Aufenthalt ist die gewünschte Erholung jedoch nur mit der Befestigung an der Linde *(Tilia)* außerhalb der Reizzone gewährt. Bei einem natürlichen Abgang der Linden sollte dieselbe Baumart ihren neuen Standort außerhalb der Reizzone finden oder am ursprünglichen Platz durch eine strahlungsverträglichere Baumart wie z. B. Ahorn *(Acer* spp.) ersetzt werden. Falls auch die im Randbereich von der Reizzone betroffenen Sträucher offensichtlich nicht die optimalen Wachstumsbedingungen vorfinden, sollten sie durch andere, unempfindlichere Arten wie Schlehdorn *(Prunus spinosa)* oder Spindelstrauch *(Euonymus)* ersetzt werden.

Gestaltung vor der Verbesserung

Gestaltung nach der Veränderung

Klare Linien

Wenn man unter einem »modernen« Garten einen »zeitgemäßen« Garten versteht, dann hat es in der Geschichte der Menschheit bereits viele moderne Gartenkulturen gegeben.

Als Vorbild für viele moderne Gärten unseres Jahrhunderts kann man häufig die klassische »Moderne« aus der Architektur und Kunst des beginnenden 20. Jahrhunderts finden. Während in einem üblichen Hausgarten versucht wird, alle Bedürfnisse seiner Nutzer unterzubringen, versucht die moderne Gartengestaltung alles Verspielte und Unruhige zu vermeiden. Die Verwendung von industriell geschaffenen Materialien wie Beton, Stahl oder Kunststoff sowie klare und strenge Linien betonen die formale Schlichtheit. Die zeitlose Schönheit und Eleganz der formalen Gestaltung, die sich an einer zugrunde liegenden Idee orientiert, machen solche Gärten oft zu einzigartigen Gesamtkunstwerken.

Spezielle Wünsche

Ein jüngeres Ehepaar wünscht sich einen Garten mit modernen Gestaltungselementen und geraden Linienführungen. Weitere Vorgaben an den Planer sind Beete für Stauden und Sumpfpflanzen sowie eine große Terrasse mit Steg zu einem Swimmingpool, ein Sitzplatz mit Morgensonne für das Frühstück sowie ein ruhiger, schattiger Sitzplatz unter Bäumen. Eine zumindest im Sommer blickdichte Hecke soll das gesamte Grundstück umgeben.

Edelstahl und heller Stein geben ein elegantes Bild.

Mutungsergebnis »Klare Linien«

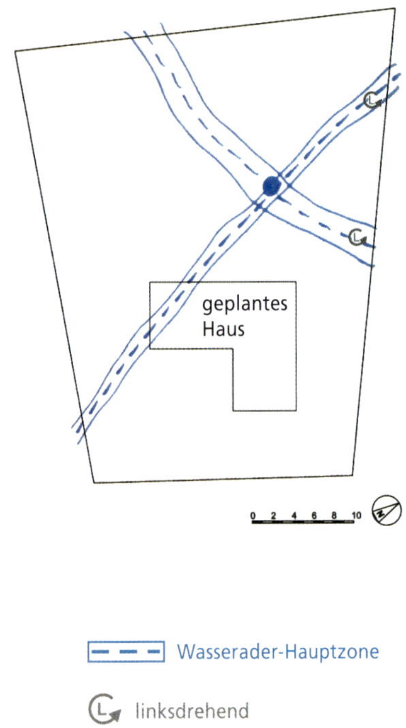

Die radiästhetische Ausgangslage

Das knapp 1400 m² große Grundstück wird von zwei Wasseradern durchkreuzt. Eine schmälere, ca. 1,5 m breite Ader verläuft von Nord nach Süd, eine andere mit knapp 3 m Breite von West nach Ost. An ihrem Kreuzungspunkt ist ein Brunnen mit guter Wasserdotierung möglich. Beide Wasseradern sind linksdrehend, Energie abbauend.

Der Gestaltungsvorschlag

Das bestehende, L-förmige Wohnhaus liegt mit der Schmalseite eines Flügels etwa 6 m von der Straße entfernt. Der kleine Vorgarten zwischen Hauszugang und Garage wird von einem mittelgroßen Laubbaum dominiert, der in einer rechteckigen Kiesfläche steht. An den beiden Längsseiten dieser Kiesfläche schließen schmale Rasenflächen an.

Hochbeete als architektonisches Element

Entlang der südostseitigen Hausmauer findet ein zirka 6 m langes und 1 m breites Hochbeet mit einer Staudenbepflanzung für schattige bis halbschattige Standorte Platz.

Dieses Hochbeet ist so wie alle weiteren Hochbeete aus Beton und damit auch vom Material her ein wichtiges Gestaltungsmittel für diesen modernen Garten.

Unmittelbar nach dem Hauszugang, der über die Terrasse führt, setzt sich die Kiesfläche in gleicher Breite auf einer Länge von zirka 10 m fort. Als besonderes Gestaltungsmerkmal sind hier drei 4 m lange und 1 m breite Hochbeete, die quer zur Längsachse der Kiesfläche je zur Hälfte im Kies und im Rasen liegen. Bepflanzt sind diese baulich dazu speziell ausgeführten Hochbeete mit dekorativen Sumpfgewächsen. Dieser repräsentative Vorgartenbereich wird zur kleinen, nach Südosten liegenden Terrasse mit einem weiteren, 8 m langen Hochbeet für eine farblich abgestimmte Staudenbepflanzung abgeschlossen.

Von der Terrasse kann man während des Frühstücks in der Morgensonne einen schönen Blick auf diesen interessant gestalteten Vorgarten genießen. Zur Strasse hin ist das Grundstück mit einer durch Kletterpflanzen begrünten Betonmauer abgeschlossen.

Da das Wohnhaus im Südwestteil von einer der abladenden Wasseradern gequert wird, musste in diesem Be-

Gestaltung »Klare Linien«

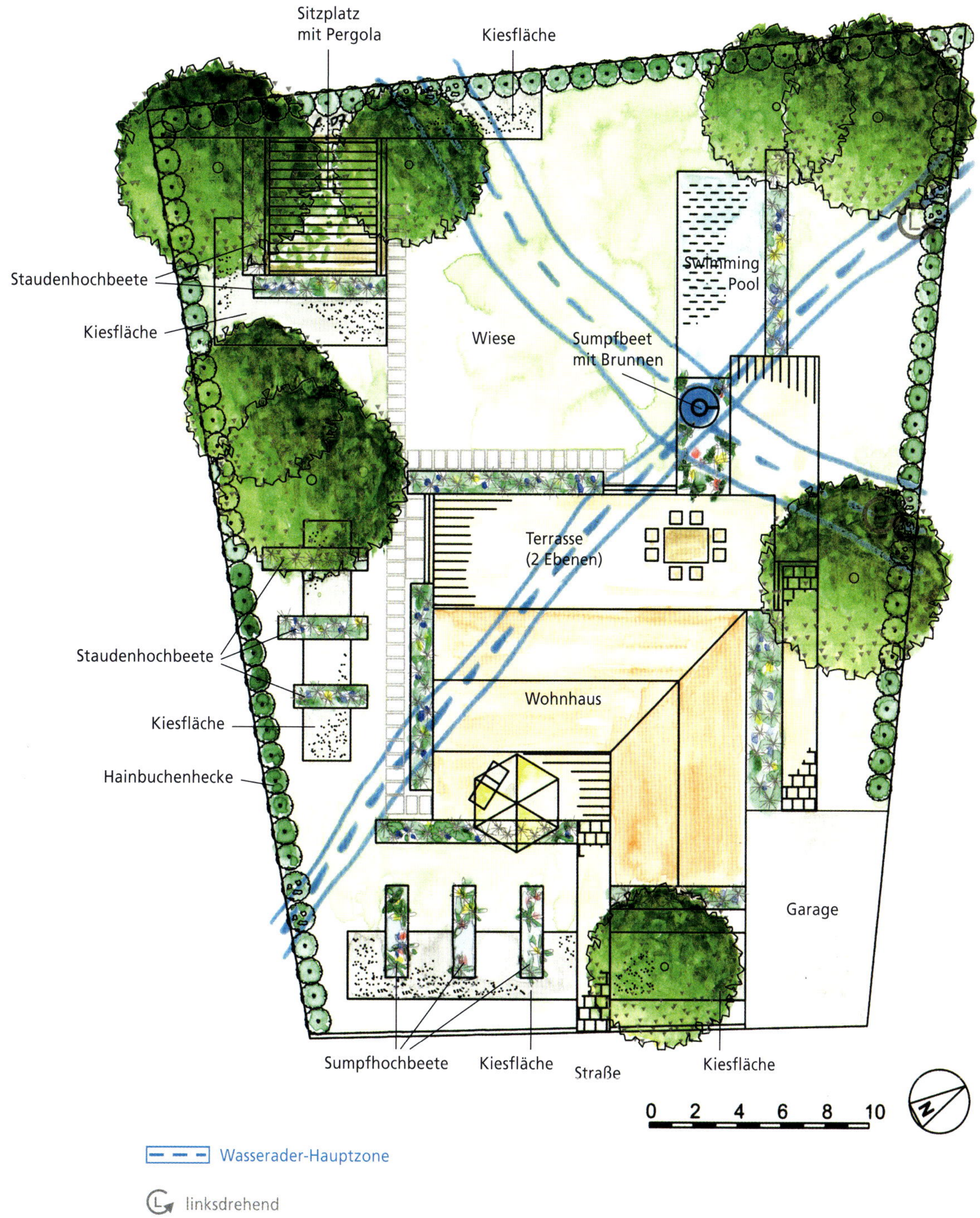

reich bei der Einrichtung darauf geachtet werden, dass hier keine Plätze mit längeren Aufenthalten entstehen. Von der Frühstücksterrasse führt ein Weg aus dekorativen Stein- beziehungsweise Betonplatten entlang eines weiteren Hochbeetes mit Sonne liebenden bunten Stauden an der nach Südwest gerichteten Hausmauer entlang in den hinteren Teil des Gartens. Auch in diesem, südwestlich des Hauses liegenden Gartenteil wiederholen sich die Gestaltungselemente aus einem Kiesbeet und quer liegenden Hochbeeten in verschiedener Länge. Auch für diese Beete ist eine Staudenbepflanzung für vollsonnige Standorte vorgesehen.

Terrasse für den Nachmittag

Die nach West-Nordwest liegende, direkt an das Haus anschließende Terrasse mit Nachmittagssonne wird im mittleren Teil schräg von der Wasserader gequert.
Der Sitzplatz muss daher im neutralen Bereich nordöstlich der Reizzone eingerichtet werden. Von hier aus gelangt man auch über eine etwas tiefer liegende Terrassenfläche im Nordosten des Hauses über einen Holzsteg zum Swimmingpool. Hier hat man genügend Möglichkeiten zwischen neutralen oder abladenden, entspannenden Liegeplätzen zu wählen.
Das zwischen Terrasse und Swimmingpool vorgesehene Hochbeet liegt genau im Kreuzungspunkt der beiden Wasseradern. Diese Reizzone mit dem errichteten Brunnen eignet sich daher für ein Hochbeet mit einem attraktiven Sortiment der als Strahlensucher bekannten Schilfpflanzen.
Entlang der Grundstücksgrenzen sind einige Laubbäume in verschiedenen Größen und Kronenformen vorgesehen. Da sie ihren Standort durchwegs außerhalb der Wasseradernbereiche haben, kann hier aus dem großen Sortiment der Strahlenflüchter ausgewählt werden.
Im westlichen Eckbereich des Gartens findet unter zwei schattenspendenden Laubbäumen der gewünschte Sitzplatz in einer neutralen, für längere Aufenthalte geeigneten Zone Platz. Auch hier sind um die Pergola die Gestaltungselemente Kiesflächen und Staudenhochbeete vorgesehen. Für die restlichen Flächen sind gepflegte Rasenflächen geplant.
Als Heckenpflanzen für die Abgrenzung des Grundstückes wurden Hainbuchen *(Carpinus)* gewählt, da sie mit ihrer exakten Schnittmöglichkeit die klare Linienführung dieses Gestaltungsvorschlages unterstützen. Problematisch könnten hier allerdings die vier Heckenbereiche sein, die über den Wasseradern liegen. Da Hainbuchen als Strahlenflüchter sich auf solchen Reizzonen nicht wohlfühlen, könnten hier Wuchsanomalien bis hin zum Absterben auftreten. Da andere, strahlungsverträglichere Pflanzenarten das Gesamtbild der Hecke unzulässig beeinträchtigen würden, wäre für diese Problembereiche eine bauliche Lösung (z. B. Betonmauern passend zu den Hochbeeten) anzuraten.

Das Purpurglöckchen *(Heuchera)* setzt einen markanten Eckpunkt.

Ein Ort des Friedens, der Heilung und der Harmonie.

Yin und Yang

Das Ziel traditioneller asiatischer Gartenkunst ist es, Orte des Friedens, der Heilung und der Harmonie zu schaffen. Gelungenes fernöstliches Gartendesign kann also sehr viel zum Wohlbefinden der Nutzer solcher Gartenanlagen beitragen.

»Um einen asiatischen Garten zu schaffen, genügt es, einen Ort auszuwählen und ihn für den menschlichen Gebrauch herzurichten. Der Ort muss allerdings auf jeden Fall zwei Grundelemente enthalten: das Yin und das Yang. Sie werden durch Berg und Wasser dargestellt.« (DuMont's Geschichte der Gartenkunst). Reduziert man den asiatischen Garten auf das absolut Notwendige, genügt es, mit dem Spaten ein Loch zu graben, mit der ausgehobenen Erde einen Berg zu bilden und Wasser in das Loch zu füllen. Man hat damit das Yin und das Yang und kann über die Grundlagen der Natur meditieren.

Spezielle Wünsche

Dieser interessante Ansatz einer Gartengestaltung soll anhand dieses fiktiven Falles durch gespielt werden. Das etwa 1.250 m² große, nahezu quadratische Grundstück liegt am Land und soll einem kinderlosen Ehepaar ausschließlich am Wochenende zur Entspannung nach dem beruflichen Alltag dienen. Der Bungalow konnte daher mit ca. 60 m² klein gehalten werden, die Terrassenflächen im Norden und Westen des Gebäudes sind dagegen großzügig geplant. Durch die zeitlich beschränkte und unregelmäßige Nutzung des Gartens sollte dieser möglichst pflegeleicht sein und längere Zeit ohne Betreuung überstehen.

Mutungsergebnis »Yin und Yang«

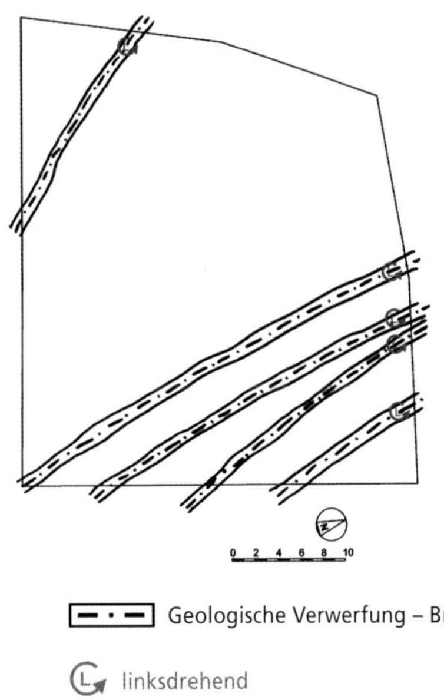

Die radiästhetische Ausgangslage

Im Nord-Osten, nahe der Straße, queren vier etwa 1 m breite, nahezu parallel verlaufende geologische Verwerfungszonen mit einem Abstand von ungefähr 3 m das Grundstück in Nord-Süd-Richtung. Eine weitere Verwerfungszone ist im südwestlichen Eck des Gartens mit einem Verlauf von Süd-Ost nach Nord-West zu finden. Alle fünf Reizzonen haben linksdrehende Polarität und sind damit Energie abziehend. Die Gartenbereiche nahe den festgestellten Reizzonen eignen sich daher nicht für Gestaltungsvorschläge, die eine längere Nutzung oder einen längeren Aufenthalt vorsehen. Der breite Mittelteil des Gartens ist allerdings frei von Störzonen und kann daher uneingeschränkt verplant werden.

Der Gestaltungsvorschlag

Der Wunsch nach einem pflegeleichten, Entspannung, Ruhe und vor allem geistige Regeneration bietenden Garten sowie die ausgedehnten, nahezu ein Drittel der Gartenfläche einnehmenden Reizzonen ließen den Vorschlag für eine Gestaltung in fernöstlichem Stil als geeignet erscheinen. Die vier Verwerfungszonen im Nord-Ost-Teil des Gartens machten es notwendig, das Wohnhaus in der neutralen Zone des Gartens mit etwa 12 m Abstand zur Straße vorzusehen.

Bambus – ein Strahlensucher

Ein Bambushain, im Bereich der Reizzonen gepflanzt, schirmt den Garten exotisch anmutend optisch und akustisch von der Straße ab. Bambus wurde deshalb gewählt, weil er nicht nur zu den Strahlensuchern zählt und daher in diesem Bereich gute Wachstumsbedingungen vorfindet, sondern auch häufig in asiatischen Gärten zu finden ist.

Bambus

Botanisch zählt der Bambus zur Familie der Süßgräser mit weltweit ca. 1.200 Arten. Er ist ein wesentliches Gartengestaltungselement fernöstlicher Gartenanlagen, symbolisiert er doch »langes Leben« in China und »Glück« in Japan. Von den in Europa erhältlichen über 300 verschiedenen Sorten sind zahlreiche auch in unserem Klima winterhart. Darunter sind baumartig wachsende und horstbildende, niedriger wachsende Arten. Zu beachten ist, dass viele Bambusarten starke Wurzelausläufer (Rhizome) bilden. Für diese Pflanzen sind unbedingt Rhizomsperren vorzusehen, um eine unerwünschte, unkontrollierte Ausbreitung zu verhindern. Etwa alle 25 Jahre blüht eine Pflanze und stirbt meist ab.

Gestaltung »Yin und Yang«

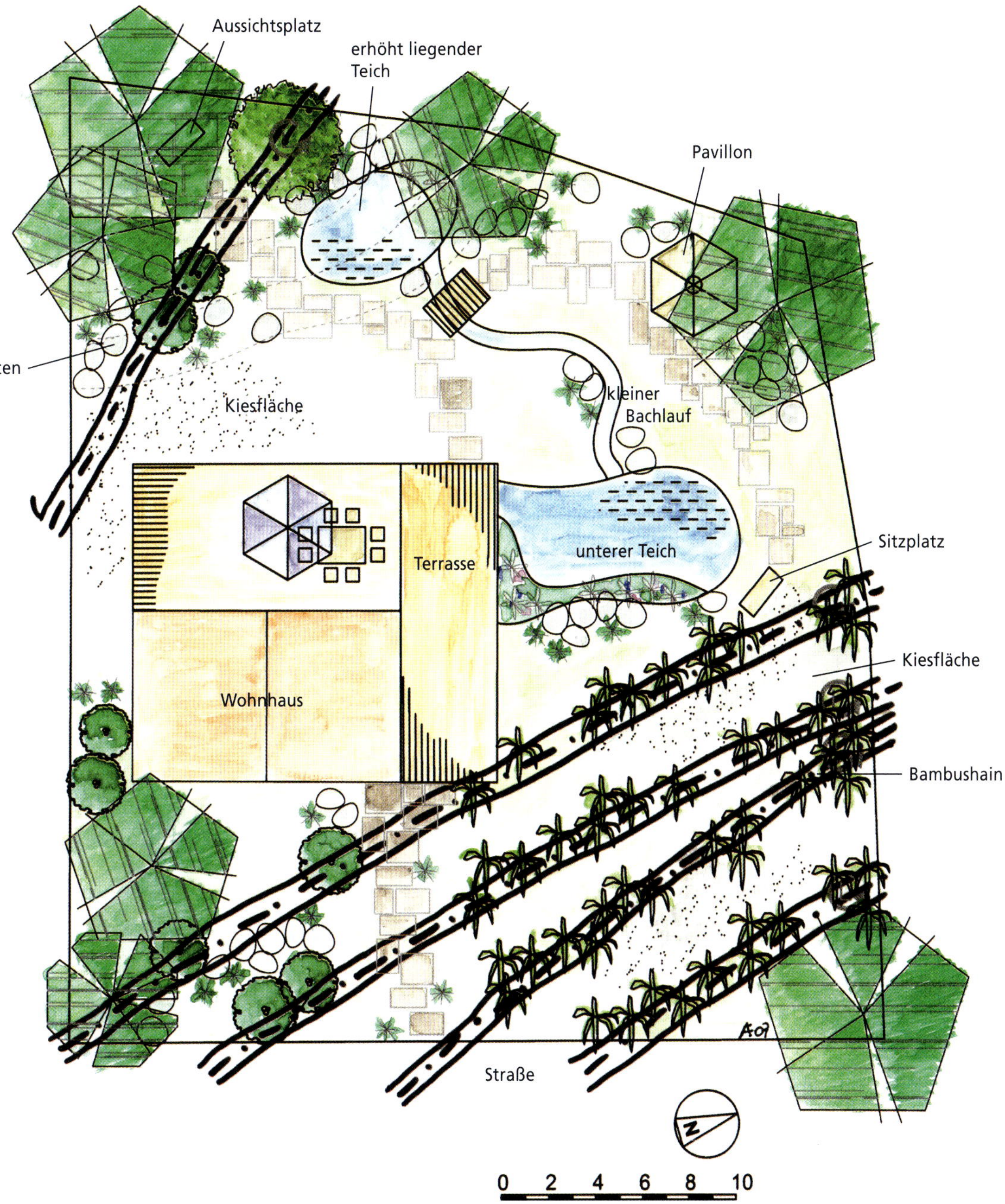

Geologische Verwerfung – Bruch

linksdrehend

Der Zauber der Stille –
nicht immer wirkt nur das Laute, Bunte.

Zwischen dem Bambushain und ebenfalls sehr dekorativen, strahlungsverträglichen Bäumen mit fernöstlichem Flair wie zum Beispiel einem Japanischen Fächerahorn *(Acer palmatum)*, einer Japanischen Zierkirsche *(Prunus serrulata)* sowie Sträuchern wie Ginster *(Genista)* und

Wacholder *(Juniperus)* führt der Weg möglichst nicht geradlinig – nach asiatischem Verständnis können böse Geister nur geraden Wegen folgen – zum Haus. Straßenseitig wird das Grundstück an den beiden Ecken von ebenfalls strahlenverträglichen Kiefern *(Pinus)* und einer Eibe *(Taxus)* flankiert.

Berg und Wasser

Die natürlich erhöhte Lage des linken (westlichen) hinteren Teils des Gartens wird mit dem Aushub der beiden vorgesehenen Teiche für die Herstellung eines Hügels genützt. Hier oben ergibt sich ein schöner Aussichtsplatz mit Blick auf Haus und Garten und einer Sitzmöglichkeit, die je nach Bedarf im neutralen Bereich hinter der Verwerfungslinie oder zur spürbar schnellen Entspannung auf der abladenden Zone aufgestellt werden kann. Beschattet wird dieser Platz durch zwei Nadelbäume nach Wahl. Da Kiefern auch an neutralen Standorten ausreichende Wachstumsbedingungen finden, wären hier z. B. die nicht zu hoch wachsenden *Pinus parviflora*-Arten empfehlenswert. Direkt über der Verwerfung könnten auch einige kleinwüchsige Japanische Zierahornarten *(Acer palmatum)* oder Zierkirschen *(Prunus serrulata)* Platz finden.

Von hier aus kann man einen typischen asiatischen Landschaftsgarten überblicken. Von einem oberen Teich fließt das Wasser in einem geschwungenen Bachlauf, begleitet von gesetzten Steinen mit ansprechenden Formen, über kleine Wasserfälle unter einer geschwungenen Holzbrücke in einen etwas größeren unteren Teich. Beide Teiche werden je nach persönlichem Geschmack mit Wasser- und Uferbepflanzungen ausgestattet.

Von der Terrasse führt ein geschwungener Weg über schöne Natursteinplatten auf den Hügel. Vom Wohnhaus und von den beiden Terrassen hat man über eine kleine Kiesfläche einen beeindruckenden Blick auf diesen Gartenteil. Durch das sanfte Plätschern des Bächleins und die polaren Farben von Steinen (Yin) sowie von Pflanzen und Wasser (Yang) kommt man hier dem eingangs erwähnten Ziel asiatischer Gartenkunst, einen Ort des Friedens, der Heilung und der Harmonie zu schaffen, nahe.

Ausblick von der Terrasse

Von den beiden Terrassen mit je nach Tageszeit sonnigen oder schattigen, radiästhetisch unbelasteten Sitzmöglichkeiten kann man über eine kleine begrünte (Moose, Farne, Efeu *Hedera helix* u. ä.) Fläche mit dem Bachlauf und den gesetzten Steinen zu einem Pavillon im Schatten einer Kiefer blicken. Vom Pavillon aus eröffnet sich ein in der asiatischen Gartenkultur immer wieder angestrebter alternativer Blickwinkel auf die symbolisierte Landschaft. Für die begrünten Flächen sowie für diverse Grünpflanzen mit asiatischer Herkunft wie Rhododendren *(Rhododendron)*, Farne, Funkien *(Hosta)* u. a. sollte der Einbau einer automatischen Bewässerungsanlage mit Feuchtigkeitsfühler erfolgen.

»Japanischer Garten Schönbrunn«

Der Japanische Garten in Schönbrunn wurde 1913 von Schönbrunner Gärtnern an der Südseite des Palmenhauses nach japanischem Vorbild gebaut. Er ist damit der älteste erhaltene Steingarten dieser Kultur in Österreich mit den typischen Elementen eines fernöstlichen Landschaftsgartens wie symbolisiertem Gebirge, Buddhasteinen, Bachlauf mit Wasserfällen, Brücke, Teichen und entsprechender Bepflanzung. Lange Jahre vergessen und verwuchert, wurde er im Jahre 1998 von japanischen Gartenspezialisten mit Spendengeldern fachgerecht restauriert. Der heutige Zustand des Gartens entspricht damit wieder vollkommen sowohl den japanischen Gestaltungsprinzipien als auch den Regeln der Feng-Shui-Lehre.

Anhang

Geomantische Begriffe

- **Baumwuchslinie:** Begrenzte, Pflanzenwuchs fördernde geomantische Linie
- **Benkergitter:** Nach A. Benker benanntes orthogonales, also rechtwinkliges, (N-S, O-W) Kubengitternetz. Die würfelförmigen Felder weisen Seitenlängen von ca. 10 m auf.
- **Blinde Quelle:** Nach oben drängende Wassersäule, die aber ohne die Oberfläche zu erreichen, unterirdisch abfließt. Energiesammelpunkte, deren Kraftfeld das Wachstum der Bäume beeinflusst. Sie entwickeln gedrehte Stämme und werden so zu lebenden Indikatoren für die Aktivität des Platzes.
- **Chakra:** Feinstoffliches Energiezentrum im menschlichen und tierischen Körper, in der Landschaft oder in Steinen.
- **Chi:** Mäandernde Lebenskraftlinien in der Landschaft, Gebäuden oder Wohnungen.
- **Currygitter:** Gitternetz, das die Erde diagonal (NO-SW, NW-SO) überzieht. Kreuzungen (vor allem mit Wasseradern) können für den Menschen sehr belastend sein.
- **Drachenlinie:** Geomantische Zone, Leylinie oder Heiliger Strahl mit Anteil von Chi, hat die Fähigkeit zu mäandern (bogenförmig zu fließen).
- **Erdstrahlen:** Sammelbegriff für feinstoffliche Energien, die durch unterirdische geologische Anomalien oder Gitternetze entstehen. Sie verursachen Reiz- oder Störzonen.
- **Feinstoffliche Energie:** Energie, die zwar bestimmte Wellenlängen – Frequenzen – hat, aber zum Unterschied von grobstofflicher Energie nicht mit Messinstrumenten gemessen werden kann. Nur der feinfühlige Mensch kann diese biologische und geistige Energie mit seinem Organismus muten. Auch der scheinbar nicht fühlende Mensch wird von diesen Energien langfristig beeinflusst.
- **Feng-Shui:** Jahrtausendealtes chinesisches Wissen (wörtlich: Wind und Wasser) um das Gleichgewicht von Energie zur Harmonisierung von Lebensbedingungen.
- **Geomantie:** Jahrtausendealtes Wissen um Suche und Erforschung von Reaktionszonen in der Landschaft durch Fühlen feinstofflicher Strahlungen mittels radiästhetischer Werkzeuge wie Rute, Pendel oder Lituus.
- **Geomantische Zone:** Reizaktive Orte über positiver Erdbestrahlung (häufig Kreuzungspunkte von Wasserführungen). Orte der Kraft. Standortpotenzial für Kultstätten, Kirchen, Burgen, oft auch Baummonumente.
- **Geopathie:** Befasst sich mit der Problematik krankmachender Reizzonen.
- **Gitternetze:** Gebräuchliche Bezeichnung für radiästhetische Reizstreifen, die die Erdoberfläche rasterförmig überziehen (siehe auch Currygitter und Globalgitternetz).
- **Globalgitternetz:** Nach seinem Entdecker Dr. E. Hartmann auch Hartmanngitter genannt, überzieht es orthogonal den Erdball von Nord nach Süd und Ost nach West.
- **Heiliger Strahl:** Ähnlich der Leylinie, verbindet Kraftorte und heilige Stätten in gerader Linie.

- **Hexagonalgittersternpunkt:** Besonderer Ort, an dem 3 messbare Linien zusammentreffen. Darauf sind früher wichtige Bauwerke wie z. B. Kirchen, Kultplätze, (z. B. Stonehenge), Pyramiden (z. B. Große Sonnenpyramide in Teotihuacan) errichtet worden.
- **Kultstätten:** Als prähistorische Kultstätten werden bestimmte steinerne Anlagen wie Menhire, Dolmen, Steinkreise, Grabhügel, Ring- bzw. Wallanlagen ohne militärischen Zweck, Schanzen, Thing-Stätten, heilige Haine u. a. angesehen. Auf Kultstätten lassen sich Planetenlinien, unpolarisierte geologische Störungen und fast immer auch geomantische Zonen nachweisen.
- **Leylinien:** Energielinien, die über zum Teil weite Entfernungen bestimmte Orte in gerader Linie miteinander verbinden. Sie sind mit den Hauptmeridianen (Verbindungslinien der Akupunktur-Punkte) im menschlichen Körper vergleichbar. Sie versorgen die Landschaft mit Energie. An Kreuzungspunkten (auch mit anderen Energiephänomenen) sind Kraftorte anzutreffen, an denen alte Kultplätze errichtet wurden.
- **Leyquelle:** Entstehungspunkt feinstofflicher Energie, die aus der Erde kommt und Energielinien speist.
- **Linksdrehend:** Pendel dreht gegen den Uhrzeigersinn. Linksdrehende Polarität ist gleichzusetzen mit abziehender Energie, YIN – weiblich, beruhigend, negativ.
- **Lituus:** Stab mit Flachspirale am Kopfende (ähnlich Bischofsstab). Er diente den etruskischen und römischen Auguren zur Bestimmung von Resonanzlinien.
- **Muten:** Feststellen, Auffinden feinstofflicher Energien durch energetische Wahrnehmung mittels Indikatoren (mental, Rute, Pendel, Lecherantenne u. a.).
- **Pendel:** Radiästhetisches Werkzeug für die statische Arbeit an Ort und Stelle.
- **Radiästhesie:** Strahlenfühligkeit. Lehre über menschliche Wahrnehmung unterschiedlicher Strahlung und Energie, sichtbar gemacht über Hilfsmittel wie Rute, Pendel u. a.
- **Radiästhet:** Strahlenfühliger Mensch.
- **Rechtsdrehend:** Pendel dreht im Uhrzeigersinn. Rechtsdrehende Polarität ist gleichzusetzen mit Energie gebend, aufbauend, YANG – männlich, positiv.
- **Reizzonen:** Oberirdisch aufspürbare Energieveränderungen aus unterirdischen Energieabstrahlungen. Sie beeinflussen die belebte (Mensch, Tier, Pflanze) und nicht belebte (z. B. Mauerwerke) Natur.
- **Rute:** Auch als Wünschelrute bekannt. Sie wird für mobile radiästhetische Arbeit im Gelände in Gabel-, Winkel-, V- oder Y-Form verwendet.
- **Spektroide:** Räumliche Strahlungsstrukturen von Störungen im Untergrund (Wasseradern, Risse, Verwerfungen u.a.).
- **Störfelder:** Siehe Reizzonen.
- **Strahlenflüchter:** Lebewesen, die Störzonen aller Art meiden bzw. darunter leiden.
- **Strahlensucher:** Lebewesen, die Störzonen suchen bzw. sich dort wohlfühlen.
- **Tensor:** Einhandrute.
- **Wachstumslinien:** Wie Baumwuchslinie, jedoch weiter reichend.
- **Wasserader:** Unterirdisch fließendes Wasser als häufigster Verursacher negativer Erdstrahlung.
- **YANG:** Männlich, bildlich in China als die Sonnenseite des Berges dargestellt, repräsentiert Aktivität.
- **YIN:** Weiblich, bildlich in China als die Schattenseite des Berges dargestellt, repräsentiert Ruhe.
- **Zeitspirale:** Bei meditierenden Personen können sich Raum- und Zeitempfinden verschieben.

Einschlägige Institutionen

Österreichischer Verband für Radiästhesie und Geobiologie
1160 Wien, Koppstraße 89–93/3/2
Bürozeiten: Mittwoch 14.00–19.00 Uhr
Tel.: 01/408 18 83, Fax: 01/402 42 20
E-Mail: info@radiaesthesieverband.at
www.radiaesthesieverband.at
gleichzeitig auch Sitz der Landesgruppe Wien

Landesgruppe Oberösterreich
Herbert Nigl
4491 Niederneukirchen, Bachbinderberg 16
Tel.: 0732/6585/4278 oder 0664/6159041
E-Mail: herbert.nigl@voestalpine.com

Landesgruppe Steiermark
Alfred Leinschitz, 8120 Gratwein, Reiner Straße 62
Tel.: 0650/3924670, E-Mail: sonja.thums@chello.at
Ing. Kurt Ebner, 8225 Pöllau, Oberneuberg 70
Tel.: 03335/4588 oder 0676/6330572
E-Mail: ing.kurt.ebner@multikom.at

Landesgruppe Salzburg
Dipl.Ing. Eberhard Beindl
5020 Salzburg, Mayburgerkai 74
Tel.: 0662/456520, Fax: 4 DW oder 0650/9162910
E-Mail: ing.buero.beindl.salzburg@utanet.at

Landesgruppe Tirol
Ing. Johann Naschberger, 6094 Axams, Föhrenweg 30
Tel.: 05234/68535, Fax: 05234/685356
www.tirolrad.net

Landesgruppe Vorarlberg
Peter Golderer, 6858 Schwarzach, Linzenberg 24
Tel.: 05572/41155 oder 0699/11158714
E-Mail: office@esmog.at, www.esmog.at

Landesgruppe Kärnten
Dipl.Ing. Irmfried Frankl
9220 Velden, Selpritscher Weg 6
Tel.: 04274/51499 oder 0664/1647848
Mag. Ilmar Tessmann, Tel.: 04264/8120

Landesgruppe Norddeutschland
Erich John, D-29614 Soltau, Hötzingen 41
Tel.: +49(0)5190-232, Fax: +49(0)5190-984801
E-Mail: erich.john@ewetel.net
www.wuenschelrute-info.de

Europäisches Zentrum für Umweltmedizin
3100 St. Pölten, Mühlweg 46
Tel.: 02742/21860, Fax. 4 DW
E-Mail: office@ezu.at, www.ezu.at

SCHWEIZ

VRGS Verband Radiästhesie und Geobiologie Schweiz
Präsident Alfred Gloor
CH-6289 Müswangen, Steinacherweg 1
Tel.: 041 760 69 46, Fax: 041 760 69 47
E-Mail: info@vrgs.ch, www.vrgs.ch

DEUTSCHLAND

Radiaesthesieverein Deutschland e.V.
Hartmut Lüdeling, 33775 Versmold, Vechtestraße 2
Tel.: +49(0)5423-473332, Fax: +49(0)5423-201850
E-Mail: argo.iluedeling@t-online.de, www.argo2012.de

Berufsfachverband der Geopathologen und Baubiologen e.V.
HP Peter Wegehingel, 34292 Ahnatal, Hellweg 5
Tel.: +49(0)5609-80656, Fax: +49(0)05609-6578
E-Mail: info@geopathologie.de, www.geopathologie.de

Literatur

Verwendete Literatur

Buchas, G. (2003): Plätze der Kraft in Wien. Verlag Austria Medien Service. Graz.

Endrös, R. (1978): Die Strahlung der Erde und ihre Wirkung auf das Leben. Paffrath Verlag, Remscheid.

Fischer-Colbrie, P., Hepfel, O., Mattausch, O. (2005): Die unsichtbaren Kräfte des Schönbrunner Schlossparks. Amedia, Wien.

Gasperl, H. K. (2006): Radiästhesie – als Vorsorge und Heilhilfe in ärztlicher Praxis. Vortrag bei Frühjahrstagung des Österreichischen Verbandes für Radiästhesie und Geobiologie Spital/Pyhrn.

Kopp, J. (1965): Gesundheitliche und bautenschädliche Einflüsse von Bodenreizen. Schweizer Verlagshaus AG, Zürich.

Palm, H. (1977): Das gesunde Haus. Das kranke Haus und seine Heilung. 6. Auflage, Ordo-Verlag, Konstanz.

Schneider, R. (1980a): Über die Kunst mittels Wünschelrute und Pendel im Untergrund fließendes Wasser zu erschließen. Zeitschrift und Archiv für angewandte und theoretische Radiästhesie (ATR) mit der Beilage Zeitschrift für den Praktiker der Radiästhesie (ZPR), Nr. 1, 11–32, Wertheim.

Simonis, W. C.(1974): Erde, Mensch und Krankheit, J. Ch. Mellinger Verlag, Stuttgart.

Weiterführende Literatur

Bachler, K. (1992): Der gute Platz. Veritas Verlag, Linz.

Bachler, K. (1993): Erfahrungen einer Rutengängerin. Veritas Verlag, Linz.

Flachenegger, A. (2004): Lehrbriefe für Rutengänger und Pendler. Werbeagentur Reichhart, Linz.

Hoch, E. (2000): Strahlenfühligkeit. Neubearbeitung von K. Brudny. Landesverlag im NÖ Pressehaus, St. Pölten.

Hürlimann, G. I. (2002): Rute und Pendel, Oesch Verlag, Zürich.

Kirchner, G. (1977): Pendel und Wünschelrute. Das Handbuch der modernen Radiästhesie, Ariston Verlag, München.

Stangl, A. (2007): Das große Pendelbuch. Ullsteinverlag, Berlin.

BILDQUELLEN
Umschlag: A. Thinschmidt & D. Böswirth
Inhalt: Alle Bilder Peter Fischer-Colbrie außer: Alice Thinschmidt & Daniel Böswirth: S. 8, 38/39, 52/53, 55, 58, 60/61, 64, 68, 69, 70/71, 82/83, 84/85, 88/89, 90/91, 93, 94, 98, 102, 103, 106

IMPRESSUM

Sturzgasse 1A, A-1141 Wien, E-Mail: buch@avbuch.at, Internet: www.avbuch.at

Die Deutsche Bibliothek – CIP-Einheitsaufnahme
Die Deutsche Bibliothek verzeichnet diese Publikation in der Deutschen Nationalbibliografie; detaillierte bibliografische Daten sind im Internet über http://dnb.ddb.de abrufbar.

Redaktion: Claudia Cech, Heiligenkreuz
Projektleitung: Claudia Stoifl, avBUCH
Umschlag & Layout: Ravenstein + Partner, Verden
Satz: armanda,geisler Wien
Bildreproduktion: Hantsch & Jesch PrePress Services, Leopoldsdorf
Skizzen: A. Fellinger, Eipeldauer GmbH

Druck und Bindung: Gorenjski Tisk, Kranj
Printed in Slovenia

ISBN 978-3-7040-2220-2